重度障害者の就労支援のための

ジョブコーチ
実践マニュアル

Ogawa Hiroshi　Shiga Toshikazu　Umenaga Yuji　Fujimura Izuru
小川 浩　　　志賀利一　　　梅永雄二　　　藤村 出

エンパワメント研究所

はじめに

　障害のある人の就労援助に携わる実践家ならば、残念な思い、悔しい思いを幾度も経験したことがあるに違いありません。「自分が職場に付き添って教えられたら、もっと仕事ができるはずなのに」、「自分が側にいられたら、もっと従業員の理解を引き出せるのに」、そのような思いを抱えた専門家が、もう一歩職場の中に踏み込んだ援助を目指してこの本を手に取ったのではないでしょうか。

　もう一歩の援助。その方向は、施設の中から地域社会の中へ、実際の職場の中へと向かっています。施設やリハビリテーションセンターなどの保護的な環境は、障害のある人にとってのみでなく、専門家にとっても保護的であったのではないでしょうか。これからは就労援助の専門家も外に出て、実際の職場の中で活躍することが求められているのです。

　わが国では、まだジョブコーチという仕事の位置付けは明確ではありませんが、職業リハビリテーションの専門家、福祉施設の職員、学校の教師などさまざまな立場の人が、地域社会の中で、実際の職場の中で援助を始めた時、「ジョブコーチ」として活躍する可能性をもっています。労働、福祉、教育などの各分野で、ジョブコーチの発想を生かした実践はすでに始まっています。また、平成12年度からは労働省がジョブコーチに関する試行的事業を開始するとも報じられています。わが国には米国の援助付き雇用にそのまま該当する制度はありませんが、現場での実践も、そしてそれを支える制度も、わが国独自の援助付き雇用として徐々に動き始めているのです。

いずれにしても、日本でのジョブコーチの仕事はまだ始まったばかりです。実際の職場の中で支援することは、合理的で効率的である反面、ジョブコーチにとっては社会的な評価を直接受けながら支援するという厳しい世界でもあるのです。ジョブコーチの存在が企業・事業所に受け入れられ、「ジョブコーチが付くなら障害のある人を雇ってみよう」と思われるように、私たちは試行錯誤を重ねながら、ジョブコーチの援助技術を磨いていかなければなりません。本書は、米国で培われたジョブコーチの援助技術を基礎に、わが国での実践経験を加味して、ジョブコーチの実践に役立つマニュアルとしてまとめたものです。多くの就労援助の実践家が、ジョブコーチとしての最初の一歩を踏み出す時に、本書が役に立つことができれば、これほど嬉しいことはありません。そしてさらに数年後に、新たな実践の積み重ねの中から、新しいジョブコーチ実践マニュアルができればと思います。

　最後に、この本をまとめる機会を与えてくださり、試行錯誤の執筆に、いつも辛抱強く助言と励ましをくださったスペース96の久保耕造さん、七七舎の勝藤郁子さんに心から感謝申し上げます。

執筆者一同

目　　次

第1章　援助付き雇用とジョブコーチ ──────── 6
　　第1節　援助付き雇用とは　　6
　　第2節　ジョブコーチ　　10
　　第3節　援助付き雇用の基本プロセス　　15

第2章　援助付き雇用におけるアセスメント ──── 18
　　第1節　援助付き雇用におけるアセスメントの特徴　　18
　　第2節　基礎情報の収集　　21
　　第3節　支援計画の検討　　27
　　第4節　実際の職場におけるアセスメント　　29
　　第5節　アセスメントの事例　　37

第3章　仕事を探す　〜職場開拓の理念と方法〜 ──── 43
　　第1節　職場開拓の心構えと準備　　43
　　第2節　企業との接触　　53
　　第3節　仕事を見つける視点　　64

第4章　職場における援助 ―――――――――――― 67

- 第1節　ジョブコーチが仕事をする　67
- 第2節　事前の打ち合わせ　75
- 第3節　職務の指導：ジョブコーチが直接指導しない場合　87
- 第4節　職務の指導：ジョブコーチが直接指導する場合　93
- 第5節　働きはじめてからの打ち合わせ　110
- 第6節　通勤の訓練　114

第5章　フォローアップと権利擁護 ―――――――― 121

- 第1節　フォローアップの概要　121
- 第2節　安定したフォローへの移行　128
- 第3節　変化を継続的に把握する　133
- 第4節　権利擁護　143

第1章 援助付き雇用とジョブコーチ

　1980年代後半に米国で誕生した援助付き雇用は、わが国の障害がある人への就労援助に多大な影響をもたらしてきた。本書で述べるジョブコーチの援助技術論は、米国の援助付き雇用で培われた理論的枠組みを土台に、わが国の実践経験で得た知見を加味し、日本の実情にそったかたちで再整理したものである。そこで本章では、第2章以降の援助技術論への導入として、まず米国における援助付き雇用の定義と特徴、ジョブコーチの基本的な役割、援助付き雇用の基本プロセスなどについての概略を述べる。

第1節　援助付き雇用とは

1.　援助付き雇用の定義

　「援助付き雇用(Supported Employment)」とは、米国において、1986年のリハビリテーション法改正で制度化された新しい職業的サービスである。米国におけるそれまでの職業リハビリテーションは、身体に障害のある人を主な対象として発展してきた経緯から、その方法は職業相談、職業評価、職業(前)訓練など、就職前の準備プロセスに重点が置かれていた。これに対して援助付き雇用は、知的障害や精神障害など重度の職業的ハンディキャップがある場合、そのような従来の手法では成果が上がりにくいという反省に立って、「ジョブコーチ(Job Coach)」と呼ばれる専門家が、就職後に職場において、仕事の訓練をはじめとする多彩な援助を提供す

るサービスとして誕生した。

1986年のリハビリテーション法改正では、援助付き雇用を構成する要素として、1）対象は重度の障害がある人、2）競争的な仕事(competitive work)、3）社会的に統合された職場環境(integrated work setting)、4）継続的援助サービス(on-going support services)、の4点が挙げられている。それぞれの定義の要約は1-1-1に示すとおりである。

1-1-1 1986年リハビリテーション法における援助付き雇用の定義

1．**対象者は重度の障害がある人**
  障害が重度のために、これまで一般雇用に受け入れられてこなかった、あるいは就職しても安定した継続が困難であった人。
2．**競争的な仕事(competitive work)**
  フルタイムの仕事、あるいはパートタイムで週平均20時間以上の仕事で、公正労働基準法に基づいて賃金が支払われるもの。
3．**統合された職場環境(integrated work setting)**
  1つの作業グループで働く障害のある人は8人を超えてはならない。また障害のある人が、日常的に障害をもたない従業員と接する機会が得られなければならない。
4．**継続的援助サービス(on-going support services)**
  最低月に2回、就業維持のための技能訓練が提供される。これには仕事の訓練に加えて、交通機関の利用、身辺介助サービス、家族に対する相談などが含まれる。

2．援助付き雇用の特徴

以上の法律上の定義を踏まえて、援助付き雇用の特徴をまとめると、以下の4点に整理することができる。

1）職業リハビリテーションの対象を重度障害がある人に拡大

　米国の職業リハビリテーションは、私的な保険等で賄われる一部の例外を除き、原則として連邦政府と州政府が費用を負担する公的サービスである。職業リハビリテーションの対象者は、「職業リハビリテーションを提供した結果、雇用される可能性がある人」が条件とされていた。そのため、重度の障害がある人は、職業リハビリテーションの対象外として門前払いされてしまうことが少なくなかった。

　これに対して援助付き雇用は、「障害が重度のために、これまで職業リハビリテーションの対象とされることもなく、また、一般雇用に受け入れられてこなかった、あるいは就職しても安定した継続が困難であった人たち」を対象としている。従来型の職業リハビリテーションでは就職が困難でも、職場において継続的に援助を提供すれば、重度の障害がある人も雇用につながることを前提にしたサービスである。雇用の可能性があるかどうかによって職業リハビリテーションの対象を限定するのではなく、原則として就職を希望するすべての人に職業リハビリテーションの門戸を広げた点で、援助付き雇用は画期的といえる。

2）「普通の賃金」をめざす

　従来、就職が困難な重度障害のある人は、学校教育修了後は、シェルタード・ワークショップ（sheltered workshop：日本の福祉工場や授産施設に相当）やデイセンター（day center：日本のいわゆる共同作業所等に相当）などで、就職に向けた職業前訓練や作業活動を行うことが一般的であった。しかし、わが国と同様に米国においても、シェルタード・ワークショップやデイセンター等における賃金は、通常の雇用における賃金と比較すると極端に低いことが一般的であった。

　働く力があるのならば、シェルタード・ワクショップやデイセンターにとどまることなく、「普通の賃金」が得られる雇用労働を目指すのが援助付き雇用の理念である。1986年のリハビリテーション法改正は、①一般社会における通常の雇用、②労働時間はフルタイムまたは週20時間以上のパートタイム、③公正労働基準法に基

づく賃金、の3点を援助付き雇用の条件と定めている。1986年の段階では「公正労働基準法に基づく賃金」の規定によって、障害により労働力に著しく制限のある人に対しては最低賃金を下回ることが認められていたが、その後の法改正によって現在では、援助付き雇用においても最低賃金以上の賃金支給が条件となっている。

3）「普通の職場」をめざす

　援助付き雇用誕生の時代背景として、全障害児教育法の施行から10年以上が経過するなか、多くの重度障害のある人が学校教育以後の問題に直面していたことがある。ノーマライゼーションやインテグレーションの理念が普及し、施設収容主義が否定される一方で、地域社会における社会資源は、シェルタード・ワークショップやデイセンターなどが中心であった。これらは数が不十分なだけなく、雇用への移行率は5％以下と低迷しており、職業リハビリテーションの対費用効果の観点からも、新しい効果的な援助が求められていた。そのような背景の下、援助付き雇用では重度の障害がある人の働く場所は、従来の保護的な環境ではなく、一般社会の中の「普通の職場」であるべきだと考えられるのである。法律に示されている社会的統合の具体的な規定は、援助付き雇用の背景にあるインテグレーションやノーマライゼーションの理念の力強さを表すものとともいえる。

4）「訓練して就職」から「就職してからの継続的援助」へ

　従来の職業リハビリテーションでは、就職前の相談・評価・準備訓練・就職斡旋などに重点が置かれ、フォローアップなど就職後の援助は短期に限定されることが一般的であった。身体機能障害を中心とした従来の利用者の場合、このような方法論も一定の成果をあげてきたが、知的障害や精神障害などの障害のある人の場合、従来の方法には以下のような弱点があることが明らかになった。

①従来の職業評価の手法では、重度の障害がある人の職業適性や就職可能性を予測することは困難であること

②シェルタード・ワークショップやリハビリテーションセンターなどにおける職業（前）訓練は、実際の職場で必要とされるスキルとの関連が少ないこと
③知的障害や精神障害の特性から、シェルタード・ワークショップやリハビリテーションセンターなどで学んだ事柄を実際の職場に応用することが困難であること
④職場の環境要因は常に変化するため、変化への対応力が乏しい重度の障害がある人は、就職後の継続的な援助が不可欠であること

以上のような問題を踏まえ、援助付き雇用では、ジョブコーチが就職後に職場の中で、具体的な仕事を通して直接援助を行うことにした。ジョブコーチが職場で行う援助には、仕事の訓練の他に、通勤訓練、休憩時間の過ごし方、対人関係の調整、権利擁護なども含まれる。援助付き雇用は、職業リハビリテーションの基本プロセスに、これまでの「訓練してから就職」という考えから、「就職してからの継続的援助」という発想の転換をもたらしたのである。

第2節　ジョブコーチ

1．評価・訓練の専門家からジョブコーチへ

すでに述べたように、援助付き雇用が誕生する以前の職業リハビリテーションのもとでは、就職前の準備プロセスに重点がおかれていたため、専門家はリハビリテーションセンターや授産施設などにおいて、相談・評価・訓練などを行うことが一般的であった。このようなシステムでは、保護的な環境下で評価や訓練が行われるため、①専門家自身が一般の職場と接する機会が少ない、②評価や訓練が必ずしも実際の職場で必要とされる事柄と合っていない、③専門家間で援助プロセスが分断されて一貫性に乏しい、⑤評価や訓練終了後に就業維持のための継続的援助を担当す

る専門家が少ない、などの問題があった。

　知的障害や精神障害のある人たちが就職後、長期に職業生活を維持していくためには、評価や訓練をして社会に送り出すばかりでなく、むしろ学校や福祉施設と職場とを橋渡しをする役割、そして職場での援助者や伴走者としての専門家が必要なのである。援助付き雇用におけるジョブコーチは、そうした「橋渡し」と「伴走者」の役割を担う新しいタイプの専門家である。

1-2-1　ジョブコーチに見る新たな専門家の方向性

□施設の中における援助から、実際の職場での援助へ
□狭い専門性から、幅広いジェネラリストとしての専門性へ
□プロセスの一部から、プロセス全般を担当
□評価や訓練して送り出す立場から、長期間伴走する立場へ

2．ジョブコーチの仕事

　以上のように、ジョブコーチの仕事は、従来の枠組みとは異なる新しいパラダイムに基づいて誕生した。これまでの常識によらないジョブコーチの仕事は、従来の職業リハビリテーション専門家の仕事とは異なる特徴を多く含んでいる。ジョブコーチに特徴的な役割としては、以下の点があげられる。

①重度の障害のある人に適した仕事を探し出し、作り出すこと　　＜職場開拓＞
②実際の職場で障害のある人を評価し、訓練・援助すること　　　＜評価・訓練＞
③職場、関係機関、家族等の協力関係を作りだし、調整すること　＜コーディネート＞
④就職までの支援のみでなく、就職後も継続して支援すること　　＜フォローアップ＞

ジョブコーチの役割や仕事の流れをごく簡単に表すと1-2-2のようになる。実際にはこれらのプロセスは複数が同時進行したり、行きつ戻りつして進む場合が多い。詳細は、第2章以降で述べる援助技術の各ステップを参考にするとよい。

1-2-2　ジョブコーチの役割と仕事の流れ

①職業についての希望を把握する
②職業についての能力や適性を評価する
③就業維持に必要な支援の内容や程度を評価する
④仕事を探す
⑤仕事を見つけ必要に応じて職務を再構成する
⑥必要に応じて実習を実施する
⑦労働条件などを調整し雇用に結びつける
⑧職場において仕事の訓練および援助を行う
⑨社会生活面の援助を職場および地域社会で行う
⑩上司や同僚からの自然な援助を引き出す
⑪職場にいる時間を徐々に減らす
⑫職場にいる時間をなくしフォローアップに移行する
⑬電話や定期的な訪問などで状況把握を行う
⑭問題が生じたら介入して解決する
⑮必要な場合は再び職場にいる時間を増やす

3．米国のジョブコーチと日本のジョブコーチ

　米国では援助付き雇用は制度化されているが、ジョブコーチの公的資格制度はない。したがって援助付き雇用の現場ではさまざまなタイプの専門職が活躍している。専門職の名称、仕事の範囲、教育的背景などの資格要件も、それぞれの組織・機関が独自に決めているのが実情である。援助付き雇用の本場だからといって、必ずしも専門性の水準やサービス内容の統一化が図られているわけではない。
　米国のジョブコーチの大半は、従来シェルタード・ワークショップやデイセンターなどを運営していた非営利団体に所属している。援助付き雇用が制度化されて、ジョ

ブコーチのサービスに行政から費用が支出されるようになったことで、従来は施設内のサービスだけを行っていた非営利団体が新たに援助付き雇用の事業に乗り出したのである。わが国でいえば、授産施設や作業所などを運営していた社会福祉法人が、ジョブコーチに関する公的財源が新たに確保されたことにより、ジョブコーチとしての職員を配置して援助付き雇用を始めたようなものである。

一方わが国では、米国の援助付き雇用に相当する制度は存在していない。しかし、援助付き雇用の理念やジョブコーチのイメージは徐々に広まってきており、労働行政管轄の職業リハビリテーション機関や、福祉関係施設、そして特殊教育の進路指導の分野などでは、徐々にジョブコーチ的な実践が始まっている。ただし現状では制度上の位置付けがないため、「日本のジョブコーチはどのような組織に所属して、どのような仕事をする職員を指すのか」という問題に対する答えは曖昧なままである。

日本のジョブコーチを考える際には、1-2-3に示したような米国と日本での諸事情の違いを認識することが必要である。行政機構、障害者雇用施策、雇用習慣、社会文化的背景などの違いを無視したまま、援助付き雇用の制度やジョブコーチのスタイルをそのままわが国に持ち込むことは難しい。

1-2-3　米国と日本の相違点

- □日本には米国の援助付き雇用に相当する制度はない
- □したがってジョブコーチの活動を支える公的財源がない
- □特に社会福祉施設の分野ではジョブコーチの活動を支える財源が皆無である
- □日本とアメリカでは雇用習慣や労働契約の事情が違う
- □援助付き雇用以外にも雇用率制度の有無など障害者雇用対策の基本が異なる
- □日本の障害者雇用対策は労働行政と厚生行政にまたがっている
- □米国では職業リハビリテーションを管轄する省庁が連邦政府、州政府に存在する

本書では、わが国の現状に即して、現段階ではジョブコーチの概念をきわめてゆるやかな枠組みで考えている。その要素は1-2-4に示すとおりであるが、従来の就労援助・職業リハビリテーションの限界を適切に認識したうえで、「適職の発見」、「職場における援助」、「長期的フォローアップ」の3要素を重視した実践であれば、「ジョブコーチ」の枠組みの中で考えて差し支えないだろう。職場での援助に費やす時間やフォローアップの期間が長ければ長いほど米国の援助付き雇用に近くなっていくが、財源確保がされていないわが国の現状では、援助の期間や頻度などを基準にして、「ジョブコーチ」を定義することはあまり意味がない。当面は1-1-5に示すような特徴をジョブコーチの基本要素と考え、ゆるやかな枠組みの中で、日本独自のジョブコーチの定義をかたち作っていくことが必要であろう。ジョブコーチという職名ではないが、障害者職業センターの職業リハビリテーションカウンセラー・生活支援パートナー、授産施設・更生施設・作業所など福祉関係施設の職員、雇用支援センター・就労援助センターなどの職員、特殊教育関係の教師などは、ジョブコーチとして活動する可能性が大いに期待できるものである。

1-2-4　わが国のジョブコーチの基本条件

□利用者に適した職場開拓が役割に含まれる
□必要な場合、職場に入り込んで援助を行う
□必要な場合、職場での援助は雇用後も続けられる
□短期間の訓練のみでなく長期のフォローアップを行う

第1章 援助付き雇用とジョブコーチ

第3節　援助付き雇用の基本プロセス

　本節では、第2章以降への導入として、全体的なプロセスの概略を示す。援助付き雇用の基本プロセスは、第2章以降で述べる援助技術のステップをたどっていくことによって、より詳しく理解することができる。

1）対象者のアセスメント
　一人ひとりの利用者に合わせて援助を組み立てるために、初期のアセスメントは重要な意味をもつ。まずアセスメントの段階では、その後の援助に向けて、利用者がどのような希望、能力、特性をもっているかを把握する。書類や面接などを通して基礎情報を収集したうえで、必要に応じて評価のための職場実習を設定し、実際の職場での行動観察を通して、職場開拓や職場での援助に役立つ具体的で機能的な情報収集を行う。
　援助付き雇用のアセスメントは、専門家による専門家のための評価ではなく、利用者が自己を適切に理解し、援助計画をジョブコーチと共同で進めていく第一段階と位置付けられる。ジョブコーチは評価情報を利用者に適切にフィードバックすることを忘れてはならない。またアセスメント情報をもとに、利用者、家族、関係機関などを含めて、援助計画を検討するコーディネートの仕事もこの段階からスタートする。

2）職場開拓（職場や仕事のアセスメント）
　職場開拓は、情報収集やネットワーク作りなどの基礎的活動と、特定の利用者の仕事を見つける具体的活動とに分けることができる。前者の基礎的活動は、特定の利用者の援助プロセスとは別に、日々の業務の中で日常的になされるものである。具体的な利用者の仕事探しは、アセスメントの情報をもとに、利用者の希望や適性

に応じた仕事を見つける作業であるが、企業が出す求人とのマッチングが成功する確率は少ない。ジョブコーチ自身が、電話でのアポイントメント、企業訪問、紹介などのあらゆる方法を尽くしてようやく達成される困難なプロセスである。

3）職場開拓（個人と仕事とのマッチング）

職場開拓を通して関係のとれた企業の中から、職務、要求水準、労働条件などの諸要因を検討しながら、仕事と障害のある人との適切なマッチングを見つけだす。援助付き雇用の対象者は一般に職業能力の制限が大きいため、ジョブコーチは採用決定までに、職務の再構成、職場の物理的環境の変更、労働時間や休憩などの調整などについて、必要に応じて企業と調整を行う。雇用関係を結ぶにあたって、障害のある人、その家族、企業、関係機関などと調整を行い、雇用後の援助に関する役割分担を調整するのもこの段階に含まれる。

4）職場における集中的訓練・援助

特に仕事への導入期、ジョブコーチは利用者に付き添って、仕事に必要な訓練や指導を職場の中で行っていく。この間にジョブコーチが提供する援助は、仕事だけでなく通勤、休憩、昼食、対人関係などの社会的側面、労働条件の確認などの権利擁護なども含まれる。またジョブコーチは、障害のある人に対する周囲の従業員の協力関係を構築し、ジョブコーチの役割を一般の従業員に移行する準備を行う。

5）フェーディング

個別就労モデルの場合、利用者の仕事の自立度が高くなり、また周囲の従業員からの自然な援助が増えるにつれて、ジョブコーチは徐々に職場での援助を減らしていくフェーディングを行う。そして最終的には、ジョブコーチは職場にいる時間を完全になくして、フォローアップの段階に移行する。

6) フォローアップ

　フェーディングが終了した後、ジョブコーチはフォローアップを継続的に行い、定期的な訪問や電話連絡などで適時状況を把握し、問題が生じたら即時に介入する。問題の状況によっては、ジョブコーチは一定期間、再度職場に入り込んで集中的な訓練・援助を再開することもある。

1-3-1　援助付き雇用の基本プロセス

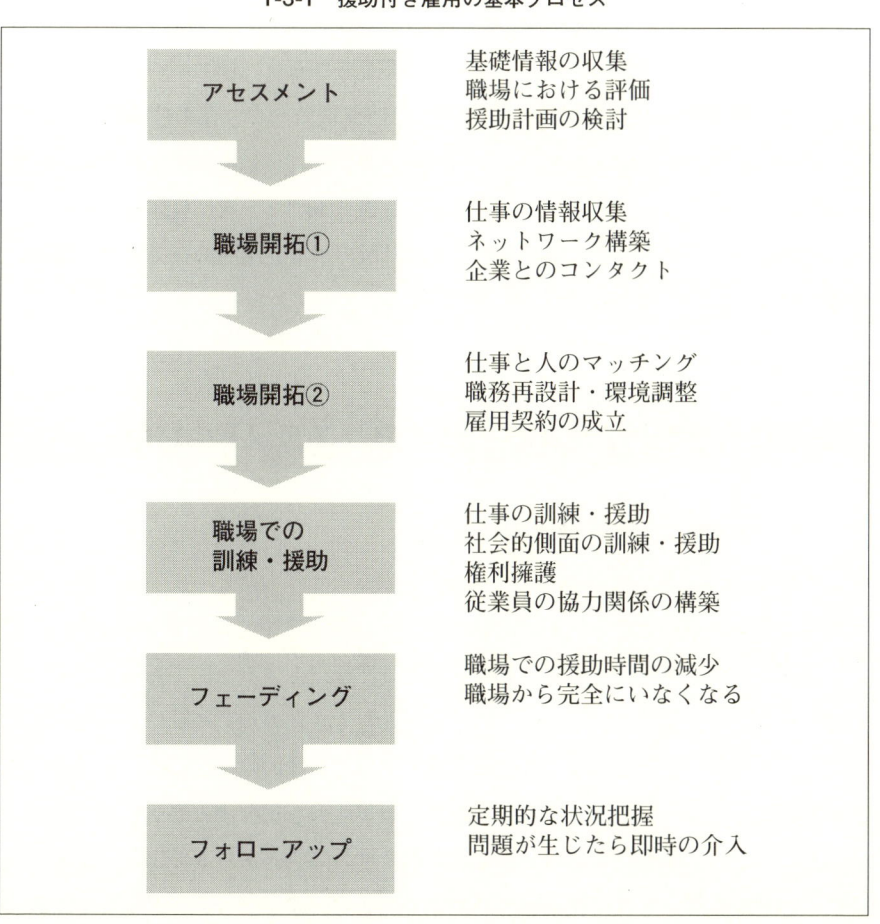

第2章 援助付き雇用におけるアセスメント

　ジョブコーチの仕事は、まず利用者を適切に理解することから始まる。援助プロセスのスタートラインで、適切なアセスメントがなされるかどうかは、その後の職場開拓や職場における援助の成否に大きな影響をもたらす。援助付き雇用では、ジョブコーチが職場で継続的な援助を提供するという特徴から、従来の職業リハビリテーションとは視点の異なるアセスメントが必要とされる。本章では、援助付き雇用におけるアセスメントの基本的な考え方と特徴を整理し、次に具体的なアセスメントの方法について、基礎情報の収集、支援計画の検討、実際の職業場面での評価、情報の整理などの各要素について述べていく。

第1節　援助付き雇用におけるアセスメントの特徴

1．テスト中心の職業評価との比較

　従来の職業リハビリテーションにおいても職業評価のプロセスは重要視されてきた。利用者の就職可能性を予測したり、職業特性を把握するためにさまざまな方法が用いられてきたが、そのなかでも広く活用されてきたのがテストによる評価である。テスト中心の職業評価は、身体機能障害や軽度の知的障害など、一定の障害種や障害程度に対しては、簡易にかつ客観的に職業能力を把握する方法として役立ってきた。しかし、援助付き雇用の対象となる重度の障害がある人の場合、従来のテスト中心の職業評価では、職業的可能性を予測するのが困難なことが少なくない。

ジョブコーチは、アセスメントを行う際に、テスト中心の職業評価には2-1-1に示すような限界があることを理解しておくとよい。

従来のテスト中心の職業評価は、ジョブコーチがこれらの限界を踏まえて活用すれば、職業能力の基礎情報を提供してくれる。しかし活用の視点を誤ったり、結果を丁寧に読み取る努力を怠れば、重度障害がある人の職業的可能性を容易に否定してしまい、就労援助サービスから重度障害がある人を排除する道具になることがある。

ジョブコーチは、従来の職業評価の結果を適切に理解できる基礎知識をもつことが望まれる。しかし、従来型の職業評価だけで就職の可能性や職業適性を判断することは避けなければならない。ジョブコーチがアセスメントで把握することは、「標準と比べて何が劣っているか」ではなく、「その人に何ができるか」の具体的情報である。そして、「事前にどのような準備訓練が必要か」を探るのではなく、「職場でどのような支援が必要か」を明らかにすべきなのである。

2-1-1　テスト中心の職業評価の限界

□予想指向である
　職業適性検査・職業興味検査・手指機能検査・ワークサンプル等の職業評価は予想指向であり、その情報から利用者に必要な支援やサービスの具体的内容を明確にすることには限界がある。

□実際の職業との関連が乏しい
　いかなる研究においても、標準化された職業適性検査やワークサンプルの結果が、障害をもつ人の就労の成功と強い関連があることは証明されていない。

□信頼性と妥当性が疑わしい
　職業適性検査を作る際のデータは健常者を基礎にしており、知的障害や自閉症、脳性麻痺等の障害のある人のデータが入っていない。

2．援助付き雇用におけるアセスメントの視点

1）必要な援助を見つけるための評価
　重度障害がある人は職業能力に制限が大きいため、アセスメントで職業能力の劣る点や準備訓練で改善すべき点を明らかにしてもあまり意味がない。ジョブコーチがアセスメントで把握すべきことは、利用者の長所、具体的にできることや得意なことである。能力の劣る部分、訓練が必要な点については、職場でどのような援助を提供すれば補うことができるかを考えればよい。援助付き雇用のアセスメントで最も重要なことは、現状の能力で就職の可能性を予測するのではなく、今後どのような援助を提供すれば就職が成功するのか、常に前向きな視点をもつことである。

2）広範囲な情報収集
　人が仕事に適応できるかどうかは、職務の遂行能力だけで決まるものではない。仕事に対する興味、好き嫌い、動機、社会性など働く人の要素。そして、仕事の面白さ、職場の雰囲気、人間関係、賃金などの事業所側の要素が複雑に組み合わさって適応は決まる。特に重度障害がある人の場合、ジョブコーチは職場開拓や職場での支援に際し、これら多彩な要素の組み合わせに十分配慮することが必要である。アセスメントの対象領域は作業能力に限定せず、性格や行動の特徴、好きな仕事や遊び、余暇の過ごし方、医療情報、金銭に対する興味や管理能力、家族の意識や協力体制など、広範囲に情報を収集することが重要である。

3）個人と環境との相互作用を重視
　人間の行動は環境によって大きく影響を受ける。慣れた場面ではできることが新しい場面ではできなかったり、静かな部屋では集中できるのに騒々しい場所では気が散ることは、一般の人でも経験する。重度障害がある人の場合、適応力や社会的経験の乏しさから、環境要因が行動に及ぼす影響は、障害のない人の場合よりも直

第2章 援助付き雇用におけるアセスメント

接的と考えた方がよい。したがってアセスメントの視点は、障害のある個人だけでなく、個人と職場環境の双方に向けなければならない。検査室や作業訓練室など、障害のある人のための特別な環境下では、障害のある人のみに評価の視点が向けられがちである。多彩な刺激が自然に存在する職場でアセスメントを行えば、利用者の異なる側面、職場での本当の姿を見ることができる。ジョブコーチが最も必要とするのは、数値や難解な専門用語で表された評価ではなく、実際にどのような状況下で、何ができるのかについての具体的でわかりやすい情報である。

2-1-2 援助付き雇用におけるアセスメントの特徴

☐ 検査に重きをおいた一面的評価から、広範囲な情報収集へ
☐ 現状での就職可能性を予測する評価から、就職に必要な援助を見つけるための評価へ
☐ 専門機関内で行われる評価から、実際の職場における評価へ
☐ 障害がある個人の能力評価から、個人と職場環境との相互作用に着目した評価へ
☐ 数値と専門用語で表された評価から、だれもが理解できる客観的な評価記述へ

第2節　基礎情報の収集

　援助付き雇用におけるアセスメントのプロセスや方法は、ジョブコーチが所属する組織・機関によって異なる。例えば学校や福祉施設の職員がジョブコーチの役割を担う場合、すでに学校や施設に在籍している利用者に関しては、比較的豊富に情報が蓄積されているであろう。しかし就労援助を専門とする組織・機関の場合、一般に利用者は外部から紹介されてくるので、ジョブコーチは短期間で効率的にアセスメントを行うことが必要とされる。本節では後者の場合を想定して、アセスメン

トで把握しておくべき基礎情報の内容、及び情報収集の具体的方法について述べていく。

1．面接の目的

　担当の利用者が決まったら、まずジョブコーチがすべきことは、紹介書類などから利用者の基礎情報をまとめることである。通常、書類から得られる情報は限定されているので、概要を読み取って転記した後、面接で補完すべき情報を書き出しておくとよい。初回の面接には、少なくとも利用者本人と保護者の出席が必要である。また必要に応じて、障害者職業センターのカウンセラー、福祉事務所のケースワーカー、学校の教師、福祉施設の職員など、利用者を取り巻く関係者にも出席を要請する。しかし初回の面接ではあまり多人数で利用者を囲まないよう配慮した方がよい。一般に初回のインテーク面接は、2-2-1に示すような事柄をねらいとして実施する。

2-2-1　インテーク面接のねらい

☐利用者とジョブコーチの顔合わせ、信頼関係の基礎作り
☐家族構成、教育歴、職歴、医療歴など、基礎的な情報の補足と確認
☐利用者からの就職に関する希望や要望、興味、好き嫌い、などの聞き取り
☐保護者からの就職に関する希望や要望、興味、好き嫌い、などの聞き取り
☐ジョブコーチが提供できる援助内容についての説明
☐就労援助を進めるにあたっての利用者と保護者の権利と義務についての説明
☐面接中の行動観察を通した利用者の情報収集

2．面接の留意点

1）利用者中心主義

　面接の主役は利用者である。ジョブコーチが方針を押し付けたり、利用者を無視して保護者や他の専門家とで決定を下すことは慎まなければならない。利用者の能力によっては、自分の希望や要求を適切に表現できない場合もある。そのような時は、「レストランで働きたい？」「それとも工場の方が好き？」などと、二者択一で無理に答えを求めるよりも、興味や関心、好き嫌いを幅広く探った方が援助の手がかりになる。意志表示が困難な利用者の場合、保護者などの代弁者から聞き取りを行うが、代弁者と利用者本人との意向が相反することもあるので、ジョブコーチは代弁者が利用者の意向を正しく反映しているかどうか、確認しながら面接を進めるよう配慮する。

2）コミュニケーション・スタイルの把握

　重度障害がある人から聞き取りをする場合、早くコミュニケーションの特徴を把握することが大切である。コミュニケーションがとれないばかりに、ジョブコーチが利用者からの聞き取りをおろそかにするようなことがあってはならない。言語理解のレベルや意志表出の特徴をつかみ、それに応じた質問の仕方を工夫していく。何度もゆっくり質問を繰り返す、口頭ではなく文字に書いて質問してみる、ハイ・イイエで答えられるように聞く、じっくりと返事を待つ、絵や写真などを指差しながら聞くなど、さまざまな工夫を凝らして利用者に適したコミュニケーション・スタイルを見いだしていくとよい。

3）リラックスした場面の準備

　一般に、面接は「相談室」や「面接室」などで行われることが多い。しかし重度障害がある人にとって、初めての場面、堅苦しく威圧的な場面は、緊張や不安が高

まり本当の気持ちを表現しにくい。ジョブコーチは、利用者の不安や緊張をやわらげるよう最大限の配慮を行う必要がある。プライバシーが保たれ、落ちついて話ができる場所であれば、「相談室」や「面接室」である必要はない。家庭訪問を兼ねてジョブコーチが家に出向いたり、天気の良い日に外のベンチで話したりなど、さまざまな工夫が可能である。導入の話題や話し方の雰囲気なども、できる限り利用者がリラックスできるように心がける。

3．面接の流れ

1）全体の流れ

　面接の流れは状況に応じて変化するものであるが、基本的なパターンは以下を参考にするとよい。まず軽い導入の話題、ジョブコーチの自己紹介から始め、ジョブコーチの所属する組織・機関、そして援助の内容について紹介する。利用者と保護者に就労援助のイメージをもってもらい、特にジョブコーチの役割を十分理解してもらうことが大切である。

2-2-2　インテーク面接の基本的な流れ

①導入の話題
②ジョブコーチ自身の自己紹介
③その組織・機関で提供する就労援助の内容や範囲
④ジョブコーチの仕事と役割
⑤援助によって達成しようとする目標
⑥利用者と保護者の権利と義務
⑦これから情報を聞き取る目的
⑧具体的質問
⑨まとめと今後のスケジュール

2）具体的質問

　質問は基礎情報の確認から始め、徐々に仕事の希望などの本題に進んでいく。利用者の理解力やコミュニケーション能力によって内容は臨機応変に変える必要がある。2-2-3は面接時に質問する基本的事柄を一覧にしたものである。実際には利用者の能力に応じて内容を取捨選択し、代弁者からの聞き取りも含めながら、ケースバイケースで質問を構成していく。

3）記録用紙の準備と情報の整理

　必ずしも書式を定める必要はないが、一般には面接の記録用紙を準備しておいた方が効率的である。記録用紙に沿って質問し、記録していく方が質問もれを防ぐことができる。2-2-3は面接のガイドラインと記録様式を兼ねた参考例であり、チェックリストとして、記録用紙としてなど、さまざまな応用が可能であろう。

4）面接のまとめ

　初回の面接ですべての情報を集めて方針を決める必要はない。初回面接で無理にたくさんの情報を聞き取っても相手に不信感を抱かせてしまっては意味がない。初回の面接では、顔合わせと信頼関係の構築を優先すべきである。聞き取りした情報を参考に、次回以降、一緒に方針を検討していくことを約束し、利用者中心で援助を進めていくことを確認する。

2-2-3 面接のガイドラインと記録用紙の例

日時：　　月　　日　　利用者氏名：　　　　　　　ジョブコーチ：
その他の面接参加者：

1. **基礎情報**
   - □住所　　　　　　　　　　　　□電話番号
   - □緊急連絡先
   - □家族構成　　　　　　　　　　□障害者手帳
   - □学校教育歴
   - □施設などの利用歴
   - □医療上の配慮事項
   - □年金などの経済的状態

2. **就職についての希望**
   - □就職や将来の生活についての夢や希望
   - □具体的な就職に関する希望
     - □仕事の種類
     - □会社の規模
     - □職場の雰囲気
     - □給料
     - □勤務日と労働時間
   - □通勤についての希望
   - □仕事選びでもっとも優先したい希望

3. **仕事の経験**
   - □就職の経験
     - □会社名　　　　　　□仕事の内容
   - □学校や施設などでの職場実習の経験
     - □会社名　　　　　　□仕事の内容
   - □その会社で、好きな仕事、気に入ったこと、楽しかったこと
   - □その会社で、嫌いな仕事、嫌だったこと、つまらなかったこと

4. **興味と余暇活動**
   - □仕事の休憩時間は何をして過ごすのが好きか
   - □仕事が休みの日は何をして過ごすのが好きか
   - □毎日の小遣いで買いたい物
   - □給料をためて買いたい大きな物
   - □休みの日に、遊びに行きたい場所、また誰と行きたいか

5. **社会的能力**
   - □バスや電車は1人で乗れるか
   - □簡単な買い物は1人でできるか

6. **ジョブコーチへの希望**

第3節 支援計画の検討

　書類や初期面接をとおして基礎情報が収集できたら、次にジョブコーチは支援計画の検討に入る。支援計画を立てる理由は、①支援が場あたり的にならないため、②利用者が支援の内容や計画を理解するため、③関係者・関係機関が支援の内容や計画について共通理解に立つため、である。

　ジョブコーチは支援計画の検討に際して、利用者の意向を最大限尊重することが必要である。利用者本人が知らないうちに実習が決まり、当惑しているうちに採用が決まるようなことがあってはならない。実際には重度障害がある人の場合、就職の希望は曖昧で現実離れしていることもあるが、それを一方的に否定したり無視することなく、現実に達成可能な目標に近づけていく努力を怠ってはならない。具体的には、支援計画について利用者を交えて話し合いをもつことを勧める。

　利用者を含めて支援計画を話し合う時は、利用者が理解しやすいように特別な配慮が必要である。例えば、まず「将来の仕事や生活の夢」など長期的な目標を話題にして、次に「その夢を達成するにはどうすればよいか」というように、中期・短期的な目標や課題について順を追って話し合うことを勧める。目標や課題はできるだけ具体的で身近な事柄で設定した方がよい。それでも理解が難しい場合には、「遠い夢」、「1年後の目標」、「1か月後の目標」、「1週間後の目標」などを絵や図に描いて話を進めると理解が容易になる。このような検討のミーティングには、必要に応じて親や関係機関の専門家も参加すると共通の理解が得られる。2-3-1には、利用者を交えた支援計画ミーティングでの留意点を示す。また2-3-2には、長期目標から短期目標を設定していくプロセスの一例を示す。

2-3-1 利用者参加の支援計画ミーティングの留意点

☐ジョブコーチは決定を下さず、利用者の希望を聞き出す役割を保つ
☐利用者のできることに着目し、欠点や問題行動を話題にしない
☐利用者の希望が困難な目標でも、即座に否定せず問題解決の道を検討する
☐援助プロセスの進行にあわせて随時ミーティングを開き、確認と修正を行う

2-3-2 利用者参加の支援計画検討プロセスの例

◆将来つきたい仕事はどんなものだろうか？
　　(例)　⇒・洋服や食べ物の仕事をしたい。
　　　　　　・デパートで働いてみたい。
◆将来働きながらどんな生活をしたいと思う？
　　(例)　⇒・稼いだお金で新しい洋服を買いたい。
　　　　　　・自分で自由にコンサートに行ったり、食事に出かけたりしたい。
◆3か月後の目標について
　　(例)　⇒・デパートで実習をしたい。
　　　　　　・友だちと一緒に買い物に行って食事をしたい。
◆1か月後の目標について
　　(例)　⇒・実習の場所を決める。
　　　　　　・面接の準備をする。
　　　　　　・ボランティアと一緒に買い物と食事に出かける
◆来週の活動について
　　(例)　⇒・ジョブコーチと面接のロールプレイを行う。
　　　　　　・ジョブコーチと職安で求職登録をしてデパートの求人票を見る。
　　　　　　・ボランティアセンターでボランティア募集の登録をする

第4節　実際の職場におけるアセスメント

1．職場におけるアセスメントとは

　支援計画が決まったら、あるいは支援計画の検討と並行して、ジョブコーチはより具体的な職業能力のアセスメントを行う。ジョブコーチが授産施設や作業所など、実際の作業場をもつ組織に所属するならば、そこで一定期間利用者の作業状況を観察することもひとつの方法である。しかし特別な環境でのアセスメントは、利用者の一側面しか把握できないことを忘れてはならない。職場開拓や職業生活の援助で具体的に役立つ情報を得るには、できるだけ実際の職業場面でアセスメントを行うことを勧める。

　職場におけるアセスメントとは、実際の職場において評価のみを目的とした実習を行い、職場環境との関わりのなかで利用者の特性を評価することである。あくまで評価を目的とした実習であること、またジョブコーチが常時職場に付き添って詳細な行動観察を行うことが特徴である。2-4-1は、従来のテスト中心の職業評価と比較して、職場におけるアセスメントの特徴をまとめたものである。テスト中心の評価に比べて時間と労力がかかることが難点であるが、従来の職業評価では得にくい実際的で具体的な情報を得ることができる。

2-4-1　テストによる職業評価と職場における評価の相違

	テスト中心の評価	職場における評価
評価の目的	就労前の準備性の把握	就労後の援助方法の把握
評価実施場所	検査室など	実際の職場
評価基準	健常者(標準値)との比較	具体的に何ができるか・できないか
評価の信頼性	評価者によって異なる(抽象的)	評価者によらず同じ(具体的)
評価の妥当性	弱い(抽象的・予想的)	強い(実際的・具体的)
評価バッテリー	画一的	職場の特徴によって異なる
評価後の解釈	援助につながりにくい	直接援助につながりやすい

2．職場におけるアセスメントの手順

1）実習場所の確保

　まず実習を受け入れてくれる事業所を確保しなければならない。通常の職場開拓と同じように、あらゆる手段を講じて実習に協力してくれる職場を確保する。職場開拓の詳細な方法については第3章に譲るが、評価のみを目的とした実習であることを明確に伝えれば、就職先を探すよりは容易なはずである。必要な時に実習を依頼できる職場として、例えば「簡易事務」「製造工場のライン作業」「スーパーのバックヤード業務」「外食産業の厨房」など、いくつかの異なるタイプの仕事を確保しておければ理想的である。

2）実習の準備

　実習の職場が確保できたら、実習期間、職務内容、就業時間、実習中の保険などについて事業所と協議する。就業時間や職務内容は必ずしも一般の従業員に準ずる必要はない。職務を簡易なものに限定し、1日4時間程度、1～2週間の実習をすれば、一般にアセスメントの目的は達成することができる。
　利用者の実習が始まる前に、ジョブコーチはあらかじめ仕事の流れや職務の手順を調査し、利用者に適切な指示を出せるよう準備しておく。新しい職場では、ジョブコーチは事前にみずから実習を行い、職場の環境や職務に精通しておいた方がよい。ジョブコーチが実習をする際の目的や準備すべき事柄については、第4章1節で詳述する。

3）職場における評価の視点

　実際の職場で評価する時は、原則としてジョブコーチは常時職場に付き添って行動観察を行う。事業所に指導を任せたのでは、実習は単なる体験で終わってしまい評価の意味が薄れてしまう。

第2章 援助付き雇用におけるアセスメント

　職場における評価の目的は、その職場で特定の職務を遂行できるかどうかを評価することではない。例えば、クリーニング工場で評価を行う場合、そのクリーニング工場に適応できるかどうかではなく、職場の熱気、立ち作業、重量物の運搬、他の従業員との共同作業、厳しい上司、忙しい雰囲気など、その職場にある環境要因に着目して利用者を評価するのである。環境刺激との相互作用のなかで利用者の行動観察を行い、汎用できる情報を得ることが重要なのである。具体的な評価のポイントをまとめると以下のとおりである。

2-4-2　実際の職場における評価のポイント

□具体的な仕事を通して作業能力を評価する
　　＜例＞　・重い箱の運搬ができるかどうか
　　　　　　・立位作業はどの程度可能か
　　　　　　・細かい部品をドライバーで組み立てられるか

□職務以外の職場環境への反応を評価する
　　＜例＞　・暑い職場でも大丈夫か
　　　　　　・忙しい雰囲気の職場でも仕事に集中できるか
　　　　　　・金属や薬品などへのアレルギーはないか

□対人関係の特徴を評価する
　　＜例＞　・厳しい口調で指示されても大丈夫か
　　　　　　・男性と女性とで指示の受け入れに差はないか
　　　　　　・誰にでも必要な挨拶や報告ができるか

□学習の特徴を評価する
　　＜例＞　・言葉の指示でどの程度理解できるか
　　　　　　・繰り返し教えることでの習熟度はどうか
　　　　　　・文字や絵による作業指示は効果があるか

4) 記録と情報の整理

　ジョブコーチが実際の職場で、利用者に仕事を教えながら、同時に評価を進めることは容易ではない。事前にどのような事柄を評価するのかを整理し、効率的な記録方法を準備しておくことが必要となる。

　2-4-3の資料1は、職場における評価・記録用紙はヴァージニア・コモンウェルス大学リハビリテーション研究研修所で用いられているものを翻訳し修正したものである。職場で評価すべき基本的な職業行動が35項目に整理されており、具体的行動での評価基準が示されているので、職場における評価のポイントを確認するうえで参考になる。

　この評価用紙を用いる際には、ジョブコーチは、まず職場での行動観察に基づいて各項目の評価基準をチェックしていく。次に余裕のある時に、どのような状況下で具体的にどのような行動が観察されたのかを記述欄に補足するとよい。評価基準をチェックするだけでなく、環境要因と行動との相互作用について記述することが重要である。複雑な要素が影響しあう職場で、何をどのような基準で評価すべきかを整理するのに、この評価用紙は参考になるだろう。複数の職場で評価を行えば、この評価用紙の大半の項目が埋まるはずである。行動観察で埋められない項目については、面接での聞き取り情報などから補足する。この用紙に記された内容をまとめれば、職場開拓や職場での援助に必要な利用者のプロフィールが完成する。

第2章 援助付き雇用におけるアセスメント ─────── 33

2-4-3 資料1 職場における評価・記録用紙

職場における評価・記録用紙

利用者氏名 _____ 記録者氏名 _____

　　　年　　　月　　　日

- 実習中の職場での行動観察に基づいて各項目のもっとも当てはまる基準に○をつける。
- 「職場での評価」の記述欄には具体的な行動や周囲の状況について記入する。
- 「親の評価」「関係者の評価」には資料や聞き取りなどで得た情報を記入する。

評価項目	職場での評価	親の評価	関係者の評価
1. 物を持ち上げたり運ぶ力 ・弱い(5Kg以下) ・やや弱い(5-10Kg) ・ふつう(10-15Kg) ・強い(15Kg以上)			
2. 長時間作業の耐久性 ・2時間以内 ・2～3時間程度 ・3～4時間程度 ・4時間以上			
3. 単独での移動範囲 ・1つの部屋の中のみ ・いくつかの部屋を移動可能 ・建物内を移動可能 ・建物内と屋外を移動可能			
4. 身体の動き ・1か所での立位／座位のみ ・階段などの段差や障害物は不可 ・階段や小さな障害物は問題なし ・まったく問題なし			
5. 作業遂行の自立度（援助なし） ・とても遅い ・やや遅い ・安定して平均レベル ・時々は平均を上回ることもある ・いつも平均を上回る			

評価項目	職場での評価	親の評価	関係者の評価
6. 身だしなみ ・だらしなくて清潔感に欠ける ・清潔であるが、服装の選択や着こなしが適切ではない ・清潔できちんとしており問題がない			
7. コミュニケーション ・音やゼスチャーのみ ・キーワードやサインを使用 ・不明瞭だが話し言葉を使用 ・明瞭にコミュニケーション可能			
8. 対人関係 ・ほとんど不可 ・受け身であれば何とか可能 ・時々自ら関係をとれる ・常に自ら関係をとれる			
9. 作業への集中の持続 ・頻繁に手助けや声かけが必要 ・時々、手助けや声かけが必要 ・まれに声かけが必要なことがある ・監督の必要なし			
10. 継続的な職務の遂行 ・継続的な職務遂行は困難 ・継続して2〜3の課題遂行可能 ・継続して4〜6の課題遂行可能 ・継続して7以上の課題遂行可能			
11. 仕事に対する自主性と意欲 ・次の仕事から逃避することがある ・仕事が終ると次の指示を待っている ・時々、次の仕事を自主的に行う ・いつも自ら次の仕事に取り組む			
12. 変化への適応 ・変化しないルーチン作業のみ可能 ・変化への適応にやや援助が必要 ・変化する仕事でもまったく問題ない			
13. 強化の必要性 ・頻繁に必要 ・1日単位で必要 ・1週間ごとに必要 ・通常の給料が強化になる			
14. 家族からの援助 ・仕事に対して協力的 ・条件つきで仕事に協力的 ・仕事に対して無関心 ・仕事に対して否定的			

第2章 援助付き雇用におけるアセスメント

評価項目	職場での評価	親の評価	関係者の評価
15. 弁別能力 ・部品の弁別が困難 ・手がかりがあれば部品の弁別可能 ・部品の弁別に問題なし			
16. 時間の概念 ・時間の概念や時計の読み取りは困難 ・休憩や昼食時間はわかる ・時間単位でわかる ・分単位でわかる			
17. 文字を読む力 ・読めない ・ごく簡単な単語や記号は読める ・簡単な読みは可能 ・問題なく読める			
18. 計算能力 ・計算できない ・簡単な数なら数えられる ・簡単な足し算と引き算はできる ・日常的な計算はできる			
19. 道路の横断 ・できない ・2車線なら可能（信号あり／なし） ・4車線も可能（信号あり／なし）			
20. 批判やストレスへの対処 ・反抗的／口答えをする ・沈黙して引きこもる ・批判や注意を適切に受け入れることができる			
21. 攻撃的言動 ・1時間ごとにある ・1日ごとにある ・1週間ごとにある ・まったくない			
22. 通勤能力 ・バスや電車の利用には訓練が必要 ・単独でバスや電車の利用が可能 　（乗り換えあり／なし） ・交通機関の経路を決めて移動できる			
23. これまでの仕事の経験 ・働いていた場所、仕事の内容、労働の日数、時間、賃金などを左の記述欄に記入する			

評価項目	職場での評価	親の評価	関係者の評価
24. 健康状態 ・現在かかっている病気、服薬状況、医療的な制限事項などを左の記述欄に記入する			
25. 重要なサインの理解 ・交通信号はわかる ・危険や止まれなどの意味はわかる ・難しい道路標識やサインの意味がわかる			
26. 自傷行為や他傷行為 ・自傷や他傷の行為があれば、具体的な内容を左の記述欄に記入する			
27. 物の破壊行為 ・物の破壊行為があれば、具体的な内容を左の記述欄に記入する			
28. 他者に迷惑となる行動 ・他者に迷惑な行動や癖があれば、具体的な内容を左の記述欄に記入する			
29. 引きこもりなど ・人を避ける ・人に対して異常に恐怖を訴える ・人に対してほとんど興味を示さない			
30. 非協力的な行動 ・職場に来ない ・規則や指示に従わない ・反抗的で挑戦的な行動をする			
31. 余暇活動のスキルや興味 ・自ら興味をもって行える余暇活動があれば、左の記述欄に記入する			
32. 強化に使える活動、食べ物、物など ・強化に使える好きな活動、食べ物、物などがあれば具体的な内容を左の記述欄に記入する			
33. 金銭の使用 ・硬貨の区別はできる ・小額の買い物は可能 ・高額の買い物も可能 ・使った額を理解できる			
34. 援助の依頼 ・親しい仲間のみ ・同僚には頼める ・知っている人であれば頼める ・目上の人や上司にも頼める			
35. その他			

第5節　アセスメントの事例

　以上、「基礎情報の収集」、「支援計画の検討」、そして「実際の職場におけるアセスメント」の3つの部分に分けて、援助付き雇用におけるアセスメントの考え方とプロセスを概観してきた。そこで本節では、「マサル君」という事例を通して、実際にはどのようなプロセスをたどって、どのようなアセスメント情報が得られるのかをシミュレーションしてみたい。

1）基礎情報の収集

　マサル君は25歳の知的障害のある青年である。現在は作業所に通っているが、本人・両親ともに就職への希望が強く、援助付き雇用を行っている就労援助機関に紹介されてきた。担当になったジョブコーチは、早速、紹介書類から基礎情報の収集を始めた。書類の情報は十分ではなかったが、大体2-5-1のような情報を得ることができた。

2-5-1　紹介書類から得られたマサル君の情報

医学的所見
・てんかんの発作歴があるが現在は服薬でコントロールされている。
・喘息発作が年に数回あるが、その他特に健康面に問題はない。

職能評価
・5〜6工程の簡易組み立て作業ならば言葉や例示で手順理解は可能。
・簡易事務、郵便物仕分け、組立作業などをワークサンプルで実施するが、作業スピードは著しく遅く、正確性に乏しい。
・作業態度は大変真面目で、忍耐力、指示への対応は問題なし。

教育歴・職歴
・養護学校高等部卒。
・学校時代に数か所で実習をしたが結果の詳細については不明。
・養護学校卒業後、電気部品工場の社員食堂に就職するが3週間で辞める。
・その後、授産施設に通うが仕事がつまらないと半年で辞める。
・それ以降は作業所に通所しているが、本人、親ともに就職への希望が強い。

2）面接での情報収集

初回面接は本人、母親、ジョブコーチの3人が参加して行われた。マサル君が緊張しないように、面接は家庭訪問を兼ねてマサル君の自宅で行った。マサル君が慣れている自宅での話し合いは、初めからリラックスした雰囲気のなかで進み、時間は30分と短かったが、以下のような補足情報を得ることができた。

2-5-2 面接で得られたマサル君の情報

- 本人、親共に就職への希望が強く、現在の作業所はつまらないと感じている。
- 以前、社員食堂の仕事を辞めたのは、皿洗いの仕事が難しかったから。
- 以前働いていた社員食堂ではパートのおばさんに怒られるのが一番嫌だった。
- 好きなことは、テレビを見たり、ビデオを見たり、CDを聞くこと。
- 仕事に対する希望は、「電気関係の工場か、掃除の仕事がしたい」とのこと。
- 詳しい理由は説明することができなかったが、掃除は実習で経験があるらしい。
- 給料をもらったら自分で好きなCDを買えることを楽しみにしている。
- 労働条件や給料などについては具体的な希望を述べることはできなかった。
- 母親は「本人ができる仕事ならなんでもよい」とのこと。
- 水泳が好きで、休みの日は家族とプールに行くのを楽しみにしている。
- 母親は、本人に働く力があると思っているが、わがままであることを心配している。

3）支援計画の検討

支援計画の検討ミーティングには、本人、母親、福祉事務所のケースワーカー、そしてジョブコーチが出席した。最初は普通に口頭でのやりとりで進めたが、マサル君が理解できずに混乱しはじめたため、テーブルに模造紙を広げ、ジョブコーチがマサル君から聞き取った将来の夢を絵に表しながら、順次、3か月後の目標、1週間後の目標へと話を具体的な内容にかみくだいていった。最後には模造紙一面に、

以下のような計画がカラフルな絵や図で表され、マサル君も十分に理解した上で支援計画に合意することができた。

2-5-3　マサル君の支援計画

□将来の夢（長期目標）
・今と同じように家で家族と暮らす。
・仕事は電気関係の工場で働きたい。
・自分のお金でCDを自由に買いたい。
・休日はプールで泳いで外食をしたい。

□3か月後の目標（中期目標）
・電気関係の工場を含めた複数の職場で実習を行い、自分の好きな仕事を体験を通して確かめる。
・ジョブコーチと一緒にCDを自分で買ってみる。
・プールにボランティアと一緒に行く。

□1週間後の目標（短期目標）
・ジョブコーチと家の近くの工場などを見て回る。
・ジョブコーチとハローワークに求職登録をして求人票を見る。
・社会福祉協議会でボランティア募集の登録をする。

4）職場における評価の実施

　上記の支援計画に基づいて、第一希望の電気関係の工場をはじめ、家電製品の大規模店舗、スーパーの清掃の3か所で、評価を目的にした実習を行った。実習にはジョブコーチが引率して詳細な行動観察を行ったところ、紹介書類の職能評価とは質の異なる情報を得ることができた。3か所の評価情報のサマリーは2-5-4から2-5-6のとおりである。

2-5-4　家電製品大規模店舗での実習評価

　主に段ボール箱の片づけが職務で、1日4時間、1週間の実習を予定していたが、3日目から本人が出勤を拒否したため実習を中止した。ほこりのひどい職場だったため、2日目の夜に喘息発作を起こしたと母親からの報告があった。本人は、自分と同年代の男性従業員に仕事の遅さを厳しく指摘されたことがとても嫌だったとジョブコーチに話した。段ボールを分解して積み重ねる作業は、手順はすぐに理解して自立して行えていたが、スピードは他の従業員の30％程度で、分解したものをどこに置くかの状況判断ができず、その都度ジョブコーチからの指示を要した。

2-5-5　スーパーの清掃係での実習評価

　1日4時間労働で、1週間実習を実施した。初日は、ジョブコーチがつきっきりで細かく手順の指導を要したが、2日目以降から徐々に習熟して、最終日にはほぼ自立して清掃ができるようになった。トイレ清掃も嫌がらずに丁寧に行うことができた。言葉で指示したり、やり方の見本を示すよりも、実際に手をとって繰り返し動作を教えることが効果的であった。家電売り場ではテレビやラジカセに興味を引かれ、品物に触ったり、立ち止まってテレビを見ることが目立った。女性の従業員に注意されると、ふてくされて指示を守れないことが多かった。反面、従業員からほめられると嬉しそうな表情で、大きな励みになっていたようだ。身体的には疲労の訴えが強く、4日目は体調を崩して2時間早退した。お客には丁寧に挨拶できていたが、余計な話しかけが多く、お客を困らせることが多かった。

2-5-6　電気部品工場での実習評価

　1日4時間、1週間実習を実施した。簡単なスイッチの組み立て作業を担当。8工程の組み立て手順は、口頭で反復指導すると混乱したが、手順を図にして作業場所に貼ったらすぐに習得した。初日は緊張して、作業スピードは他の従業員の40％程度であったが、慣れると急速にスピードは向上し、最終日には従業員の80％程度の仕事量をこなせていた。不良品は1週間の実習を通してなかった。搬出搬入の時間帯になると、周囲の人の動きに気がとられて極端に作業量が低下した。人の動きが見えないよう、壁向きで仕事をするよう変更すると作業量は改善した。仕事が一段落すると、周りを見渡して次に何をすべきかを尋ねることができた。女性のパート社員にはけじめのない話し方が目立ったが、男性の現場主任の言うことは素直に従え、会社側の評価も比較的良好であった。本人も一番気に入ったようであった。

5）アセスメント情報のまとめ

以上の経過から、マサル君のアセスメントは以下のようにまとめることができる。

2-5-7　マサル君のアセスメントのまとめ

- □ 職能評価では作業スピードの遅さと正確性の不足が指摘されていた。しかし、実際に職場で評価してみると、初めのうちは緊張が強いが、慣れによる習熟は早く、作業スピードや正確性の向上が期待できることがわかった。

- □ 電気製品など興味ある物や周囲の動きなどに注意を引かれやすく、作業効率も低下する。

- □ 疲労の訴えが顕著で、ほこりの多い職場では喘息発作を起こす可能性も確認されたため、身体的負荷の高い仕事はフルタイムでは困難と考えた方がよい。1日4時間程度から徐々に時間を増やした方が無難である。

- □ 職能評価では対人関係の問題は指摘されていないが、実際には他者からの注意などへの心理的耐久性は低く、対人面の配慮は不可欠である。男性の上司、女性のパート従業員などによって態度に差が大きい。

- □ 掃除など粗大で基準の曖昧な仕事は手添えでの指導が効果的であり、部品組み立てなどは手順を図示することが効果的である。

- □ 給料でCDを買うことが動機付けになる他、従業員などの自然なほめ言葉も大きな心理的励みになりそうである。

まとめ

　援助付き雇用のプロセスのなかで、アセスメントはもっとも軽視されがちな部分である。実際、マンパワーに限りのある実践の場では、アセスメントを行う余裕もないままに、目先の職場開拓を始めなければならない実情もある。本章で述べた「基礎情報の収集」「支援計画の検討」「実際の職場におけるアセスメント」などの各プロセスを、どの程度の労力をかけて行うかは、それぞれの組織・機関の事情に合わせてバランスよく決めることが必要である。

　アセスメントにどの程度の労力を費やすにしても、ジョブコーチは、環境が変われば利用者の行動が変化することを念頭に置き、できるだけ現実環境での評価に心がけ、支援計画の検討への利用者参加を保障してプロセスを進めることが重要である。

第3章 仕事を探す～職場開拓の理念と方法～

　利用者のアセスメントが終了したら、あるいはアセスメントと並行して、ジョブコーチは利用者にあった仕事を探し始める。一般に、もっとも基本的な仕事探しの方法は求人への応募であるが、重度障害がある人の場合、ただ求人に応募するだけで就職が決まることは少ない。援助付き雇用では、ジョブコーチの方から企業にアプローチする積極的な職場開拓が必要となる。本章では、求人を待つのではなく、ジョブコーチの方から「仕事を見つけ」「仕事を創造する」攻めの職場開拓の方法について述べていく。

第1節　職場開拓の心構えと準備

1．職場開拓の視点

　通常、企業が出す求人の多くは、職務内容が決まっており複数の役割や判断能力が要求されるため、重度障害がある人の場合、求人だけに頼った求職活動では仕事を見つけることは難しい。そこでジョブコーチは求人を待つばかりでなく、自ら企業にアプローチする「攻めの職場開拓」に発想を切り替えなければならない。職場開拓にあたって、ジョブコーチが心がけるべきポイントは3-1-1のとおりである。

3-1-1 攻めの職場開拓のポイント

□仕事に人をあわせるのではなく、人に仕事をあわせる視点をもつ。
□求人を待つのではなく、積極的に仕事を見つけ、仕事を作り出す発想をもつ。
□既存の仕事の枠組みや労働時間にとらわれない柔軟な姿勢で臨む。
□ジョブコーチによるサービスのメリットを企業に売り込む。

2．情報の収集

　職場開拓に不慣れなジョブコーチのほとんどは、仕事に関する知識や情報が乏しいまま仕事探しを始めることになる。多くの場合、職場開拓は目先の仕事探しに追われてしまうが、それ以前に、普段から情報収集やネットワーク作りなどの地道な活動を行うことが重要である。

　職場開拓の初期の段階では、まず管轄地域内における企業の存在やニーズを調査することから始めるとよい。具体的な職探しにとりかかる前に、壁に地域の地図を貼り出して眺めてみるのもよい方法である。イエローページをめくって、さまざまな業種や職種を頭に入れることも参考になる。自転車や徒歩で地域の仕事を見てまわることもよいだろう。企業との接触を始める前に、ジョブコーチは少なくとも以下のような情報を把握しておくことを勧める。

3-1-2 地域の仕事についての基礎情報の収集

□全体的な産業構造について
□景気のよい業種とそうでない業種
□求人が頻繁にでる業種とそうでない業種
□大手企業の所在と障害者雇用の状況
□工業団地の所在と交通の便
□商工会議所や同業種団体の存在
□管轄の職業安定所の所在
□養護学校や授産施設など他のサービス提供機関の所在

3．求人情報の入手

　基礎的な情報収集の次に、ジョブコーチは個別に企業と接触して詳細に情報を把握していく。ジョブコーチが企業と接触するもっとも効率的な方法は、求人を糸口にすることである。重度障害がある人に適した求人があれば理想的だが、それをじっと待っているのは得策ではない。採用の可能性が薄くても、企業と接触して情報を収集することが、長い目で考えれば効率的な職場開拓につながる。「求人は企業と接触するための単なるきっかけ」と割り切ることが必要である。求人情報に目を通せば、企業の業種や職務内容、所在地、電話番号、人事担当の部署名や担当者氏名などの情報を得ることができる。最低限、会社の名前、だいたいの業種、相手の連絡先さえわかれば、あとは当たって砕けろの姿勢で電話での連絡を試みる。そこには障害者雇用のチャンスが隠れているかもしれない。求人情報を入手する資源としては次のようなものがある。

1）ハローワーク

　まずは障害者担当の窓口で求職登録をし、障害者向けの求人情報を得る。しかし障害者向けの求人だけでは情報の範囲は限定される。むしろ一般の求人票、特にパート関係の求人票に丹念に目を通すと、簡易な仕事の情報を得ることができる。ジョブコーチ自身が職場開拓を行う場合でも、ハローワークの担当者とは常に協力関係を心がける。

2）求人情報誌や折り込み広告

　情報量の多さでは求人情報誌が優れているが、かえって情報の範囲が広過ぎて活用しにくい。むしろ新聞折り込みの求人広告の方が、対象地域が限定されており、非熟練系の求人が豊富なため有用である。めぼしい求人情報を切り抜いてファイリングしておけば情報の蓄積になる。

3）実地の調査

工業団地などを定期的に訪問し、丹念に歩いて回る地道な活動も忘れてはならない。小さな企業は大々的に求人広告を出さず、工場前のはり紙などで済ませることもある。歩いて見てまわることによって、パートの多い企業、簡単な仕事のある企業、忙しそうな企業、さらに会社の規模や雰囲気などを確認することができる。

4．資料の準備

実際に企業と接触を始める前に、企業に対して効果的に就労援助サービスを説明するための資料を準備しておかなければならない。資料の作成には労力と費用が必要であるが、就労援助の専門機関としての信頼感を得るには、ビジネスの世界で通用するよう、ある程度質の高いものを準備した方が効果的である。

3-1-3　ジョブコーチの職場開拓ツール

☐名刺
☐組織紹介のパンフレット
☐企業向けの就労援助サービスのパンフレット
☐就労している事例を紹介した写真など
☐就労援助の実績や助成金などに関する情報のメモ
☐障害について説明した資料など

1）名刺

ビジネスの世界で名刺は不可欠である。名刺に入れる部署名や職名は、企業に対して就労援助の専門性が明確に伝わるように工夫することを勧める。特に福祉関係の組織の場合、福祉の専門用語は一般社会に馴染みが薄いので配慮が必要である。例えば、通常の職名が「授産施設」の「生活指導員」であっても、対外的な名刺は「就労援助部門」の「ジョブコーチ」にするなどの工夫が考えられる。

2) パンフレット

　まず組織紹介のパンフレットを準備し、組織全体について説明する。さらに、就労援助にポイントを絞り、対象を企業に限定したパンフレットも準備するとよい。この場合、どのような就労援助サービスが提供されるのか、そのサービスが企業にとってどのようなメリットがあるのかを明確に表現する。パンフレットは文字情報が多すぎると読む気が薄れてしまう。簡潔でインパクトのある言葉と写真や図などの視覚的情報を組み合わせて構成するとよい。3-1-4には、ジョブコーチの就労援助サービスを紹介したパンフレットの一例を示す。

3) 就労援助の実績

　ビジネスの交渉では具体的な事例をまじえると説得力が増す。例えば、その組織が何人の利用者を支援した実績があるか、写真を含めた資料や数字で具体的なイメージを提供する。また、助成制度を活用した場合の助成期間や助成金額など、あらかじめ具体的な数字を含めた資料を準備しておくと効果的である。

4) 障害についての説明

　障害状態についての説明は苦労することが多い。表現に十分注意しないとマイナスのイメージだけが伝わってしまうことがある。「知的障害」「精神障害」「自閉症」「脳外傷」などについて、一般の人に理解しやすいように説明した資料などをあらかじめ準備しておくと便利である。3-1-5には、自閉症者の特徴を企業向けに説明した小冊子の例を示す。

3-1-4　職場開拓のパンフレットの１例

仕事と人材のマッチング
障害の特性を熟知したジョブコーチが、職場にうかがってさまざまなご相談にお答えします。

職場実習
まず実習という形態で働くことを通して適性を検討します。ジョブコーチは実習中も職場に付き添いますので安心です。

職場での指導・アドバイス
ジョブコーチが付き添って援助します。ジョブコーチが直接指導したり、従業員の方に助言するなどして、仕事の手順やルールがスムーズに身につくようにします。

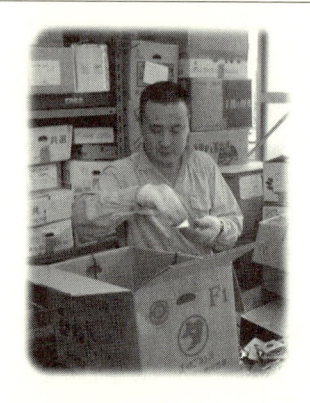

長期のフォローアップ
ジョブコーチの援助に期限はありません。障害をもつ人が自立して働けるようになった後も、定期的に会社を訪問し、あらゆる問題にタイムリーに対応します。

制度や雇用管理に関する情報提供
障害者雇用の助成金制度、雇用管理のノウハウ、その他さまざまな情報を提供します。

生活面にも行き届いた援助
横浜やまびこの里は作業所やグループホーム等をもつ総合的な社会福祉法人です。ジョブコーチの援助は企業が関与しにくい生活面の問題もカバーします。

（「横浜やまびこの里」の就労援助パンフレットから引用）

第3章 仕事を探す　　　　　　　　　　　　　　　49

3-1-5　企業に障害の特徴を説明する資料の1例

職場での自閉症者の様子

一定のパターン化された仕事に長期間たずさわると熟練度が高くなります。

どこまでやれば終わりか、ということがわかれば最後まですることができます。目でみてわかりやすい方法で示してあげるとるといいでしょう。

(「横浜やまびこの里」の職場開拓用小冊子『あなたの会社で働きたい』より引用)

5．その他の準備

1）ジョブコーチがイメージをもつ

　就労援助の経験が浅いジョブコーチは、本格的な職場開拓を始める前に、障害がある人が働いている事業所を多く見学すること勧める。具体的イメージを膨らませること、企業の担当者から問題点やメリットなどを聞き取ること、工程やジグ（作業を正確に完成させるための補助具）の工夫などの援助技術を学ぶこと、などを目的とする。障害がある人が就労している事業所を知るには、養護学校の進路指導担当者、地域障害者職業センター、その他の就労援助機関に相談してみることも、役立つ方法である。小さな町工場、大手の企業、さらに特例子会社など、いろいろな形態を見ておくと参考になる。

2）ネットワークの形成

　多くの企業に就労援助サービスの存在を知ってもらい、仕事に関して幅広く情報を収集するために、ジョブコーチは常日頃からネットワーク作りに努める必要がある。個人レベルから組織レベルまで、あらゆる関係を活用する。サービス提供の立場では、ハローワークをはじめとして、障害者職業センター、雇用開発協会、学校の進路指導担当、利用者の家族などの間で情報交換を図る。また企業に対しては、すでに利用者が就労している企業からの紹介、ロータリークラブや企業団体などの会合への出席、企業対象のセミナーや講演会の開催など、さまざまな機会を活用して組織の社会的な認知度を高め、協力関係を築くことが大切である。企業との関係は、障害がある人を雇用する企業とだけに限定すべきではない。あらゆる意味において、就労援助に協力してくれる企業や企業人との付き合いを大切にすることを勧める。

3）情報の整理と蓄積

　職場開拓でもっとも有用なのは、企業と個別の接触を通して得られた情報である。企業との接触方法は後に述べるが、ジョブコーチが得た情報をその場限りの個人情報にとどめてはならない。個々の企業情報は職場開拓の宝であり、組織の財産へと発展させていくべきである。そこで職場開拓を始める前に、記録のルールを整理しておくことが必須である。さまざまな記録方法が考えられるが、3-1-6には企業情報を記録する様式の例を示した。実際の職場開拓では頻繁な経過確認が必要なので、蓄積した情報は検索が容易な方が便利である。パソコンの情報管理ソフトなどを活用するとよい。

3-1-6　企業情報記録様式の例

企業情報記録用紙	
記入者：ジョブコーチA	記載日：2000年　○月×日
事業所の名称：ディスカウントストア＊＊＊＊店	
所在地：東京都○区×町1-1-1	最寄りの交通機関：山の手線○×駅
電話番号：03-＊＊＊-＊＊＊＊	FAX番号：03-＊＊＊-＊＊＊＊
採用担当部署：総務部人事課	担当者名：人事課長○×氏
情報入手の方法：　ハローワーク、○求人広告、　その他（　　　　　）	
全体の従業員数：全社で1200人	事業所の従業員数：100人
障害者雇用の経験：なし	雇用率：不明

　新聞折込の求人で商品パッキングとレジ担当者の募集が出ていたため電話連絡。障害者就労援助機関であることを告げると感触はよくなかったが、とりあえず仕事を見せてほしい、話を聞いてほしいと粘った結果、人事課長の○×氏のアポイントに成功。

　○月×日に職場訪問して○×氏と面談。今回の求人は商品パッキングとレジの即戦力を求めており、障害者を採用するつもりはない。ただし会社として障害者雇用を進めていく方針が出されており、大規模ディスカウント店舗でどのような仕事が向いているのか、人事担当者としても悩んでいるとのこと。

　こちらより就労援助の事業概要、他のスーパーでジョブコーチ付きで知的障害者雇用に成功している事例などを説明するとそれなりに興味を示す。正社員としての雇用は本社扱いだが、アルバイト・パートは店舗で直接採用できるとのこと。今回は十分に時間がとれなかったため、次回あらためて面談し、もう少し具体的な内容を詰めていくことにする。

　帰りがけに店内を見学。ショッピングカートの移動、買い物かごの整理などは十分に行われておらず、パートの手がまわっていないようすであった。店舗の清掃は業者に委託しているが、駐車場の掃除、トイレ掃除などは従業員が交代で行っているとのこと。その他にも、障害のある人にできそうな仕事は見つけられる可能性あり。

　すぐに雇用に結びつくかどうかは不明だが、障害者雇用に前向きであり、ジョブコーチの役割にも興味を示していた。今後も積極的にアプローチする価値はある。

　担当ジョブコーチAが、1週間後に再度人事課長に連絡をとる予定。

第2節　企業との接触

　ジョブコーチは常日頃からできるだけ多くの企業と接触するように心がける。利用者が就職する可能性が低くとも、人事担当者に会い、業務内容や障害者雇用の方針を聞き取り、就労援助サービスを説明するだけでも大きな価値がある。求人の内容などから、「この仕事は無理だ」と決めつけることは避けたい。ジョブコーチと会って話を聞いてもよいという企業に出会ったならば、積極的に出かけて行き、障害者雇用の関心やニーズを掘り起こす努力をすべきである。本節では、ジョブコーチが企業と接触し、利用者に適した仕事を見つけるまでの具体的方法について述べていく。

1．電話でのコンタクト

　企業と接触するにはさまざまな方法があるが、ある程度規模が大きく、人事や総務などの採用担当部署がある企業では、電話での問い合わせから接触を始めることが無難である。見知らぬ企業に電話で問い合わせる方法は、ジョブコーチにとって心理的ストレスが高く、面談につながる確率は20分の1以下であることを覚悟した方がよい。しかし積極的な職場開拓を進める上で、電話でのコンタクトは突破口を開く重要な方策である。ジョブコーチは、以下に述べる事柄を参考にして、効果的な電話のテクニックを身につける必要がある。

1）最初の電話のねらい
　初めての電話で、いきなり障害者雇用の交渉を切り出しても成功する見込みはほとんどない。本格的な交渉は企業を訪問しての面談で行い、電話では人事担当者と面談の約束をとることにポイントを絞りこんだ方がよい。企業訪問の目的を単なる情報収集とするか、具体的な求職の交渉にするかは、電話での相手の反応によって

臨機応変に決める。ただし具体的な求職がねらいであっても、面談を申し込む段階では強引な印象を与えないよう、情報収集の意図も含ませるなどして、目的に幅をもたせた方が面談の約束は得られやすい。3-2-1には電話でのやりとりの一例を示す。

3-2-1　電話でのコンタクトの会話例

ジョブコーチ：	もしもし、私、社会福祉法人○×就労援助部門の○×と申します。そちらの求人を拝見したのですが、担当の方をお願い致します。
担当者：	はい、人事部の□△です。
ジョブコーチ：	私、社会福祉法人○×就労援助担当の○×と申します。私どもは、障害のある方々の就労援助を行っている機関なのですが、そちらの求人広告を拝見してお電話を差し上げています。仕事の内容などについて、お話を伺わせてくださいますか。
担当者：	仕事はコンピューターの簡単な入力作業ですが、障害のある人には無理ですよ。うちの会社は狭いし階段も多いし。
ジョブコーチ：	障害といっても、身体の障害ではなく、私どもは知的な障害のある方の援助を行っているのです。
担当者：	知的な障害だったらなおさら無理です。だってコンピューターの仕事ですよ。
ジョブコーチ：	いえ知的な障害がある人でも、実際にパソコンでの伝票入力で就職している方もいます。中には数字が得意だったり、単純入力が好きで、私よりミスなく早くできる人もいます。
担当者：	・・・・・
ジョブコーチ：	是非、一度お仕事の内容を拝見させて頂けないでしょうが。
担当者：	そうですねー、でも忙しいので・・・
ジョブコーチ：	お時間はとらせません。30分程度で結構です。それに私どもは、障害のある方を無理に雇って頂こうとは考えておりません。今後の援助の参考までに、いろいろな仕事を知っておくだけでも役に立ちますので、勉強も兼ねて是非一度お話を伺わせて下されば大変ありがたいのですが。
担当者：	わかりました。あまり退屈な仕事なので、パートさんが辞めてしまって困っているところでもあるし、30分位ならば時間をとりましょう。
ジョブコーチ：	ありがとうございます。それでは、ご都合のよいスケジュールをおっしゃって下されば、それに合わせますので。いつがよろしいですか。
担当者：	では来週の月曜、10時はどうでしょう。
ジョブコーチ：	わかりました。来週月曜、10時ですね。できましたら、その時に実際の仕事の様子も見学させて頂けると嬉しいのですが。
担当者：	いいですよ。それでは、来週お待ちしています。
ジョブコーチ：	ありがとうございました。

2）電話でのコンタクトのガイドライン

　電話での会話はシナリオどおりに進むものではない。しかし基本的な流れと話す要点はメモに整理しておくとよい。はっきりとした口調で、聞き取りやすいスピードで、相手に誠実さが伝わるように表現に気を配る。流暢に話せることが成功への鍵ではないが、自分の個性にあったパターンをつかめるまで、さまざまな話し方を試してみるとよい。以下に、基本的な流れと留意点を示す。

①身分を明らかにする

　まず所属組織、自分の名前、障害がある人の就労援助を行っている機関であることを明解に述べる。導入がまわりくどくならないよう注意し、簡潔な自己紹介にとどめる。

②電話の目的を明らかにする

　「求人を見たので仕事の内容を知りたい」など電話の目的を述べる。相手の反応がよければ企業訪問と面談の希望を申し出る。障害者雇用に消極的であったり拒否的な場合は、具体的な求職を無理に進めるつもりはなく、仕事の内容を知った上で可能性を検討したい主旨を伝え、企業訪問の可能性を探る。それでも反応の悪い場合は無理をせずに電話を終える。

③説明的になり過ぎない

　さまざまな質問や否定的な意見を受けることを覚悟し、事前に応答を準備しておくとよい。ただし電話でのやりとりで、障害特性などの複雑な説明は避けた方が無難である。企業を訪問して障害者雇用に関わる疑問や質問に直接応えたいことを伝え、詳細な説明は企業訪問へと先送りする。

④引き際を心得る

　相手が忙しそうな時は改めて電話をする。また必要以上の強引さは禁物である。相手の反応が悪い時には引き際は早めにし、パンフレットを送るなどして今後の接点を残すよう心がける。

⑤事前に手紙を送る

　短時間の電話で正確に用件を伝えることは難しい。導入の段階で相手に警戒心をもたれ、本題にたどり着けないことも少なくない。電話でのコンタクトが成功しない時には、事前にパンフレットと名刺を送付する方法を試してみるとよい。相手の警戒心をやわらげイントロダクションの壁を軽減することができる。

⑥事前に挨拶の訪問をする

　必ずコンタクトを成功させたい企業には、電話で連絡をとる前に、飛び込みで挨拶だけを済ませておく。この時にはパンフレットと名刺だけ手渡し、後で改めて連絡するので相談にのってほしい旨を伝えておくと、再度電話で連絡を入れた時には話がスムーズに運びやすい。

２．企業訪問での面談

　企業訪問の約束がとれたら、ジョブコーチは事前に面談の進め方のイメージを描いておく。人事担当者との面談は相手にあわせて展開していくものであり、決してジョブコーチの想定どおりに進むものではない。面談での交渉術は、経験を重ねるなかでジョブコーチ自身が自分の個性にあったスタイルを見い出していくものである。
　次に、面談の基本的な留意事項と流れを示したので参考にするとよい。

1）基本的な留意事項

　企業訪問での面談はビジネスの世界との交渉である。ジョブコーチは、3-2-2の基本的な事柄に留意して面談に臨む。一般的なビジネス・マナーについては、セールスマンの入門書などを参考にするとよい。

3-2-2　企業との面談での基本的な留意点

- ☐ 時間を厳守し、あらかじめ面談に費やせる時間を確認する。
- ☐ ビジネスの交渉にふさわしい清潔な身だしなみをする。
- ☐ 福祉やリハビリテーションの専門用語を避け平易な言葉で説明する。
- ☐ 自分が一方的に話すのではなく、聞き上手になって相手の話を引き出す。
- ☐ サービス提供側と雇用する側の立場の違いを理解し、企業の立場にも共感を示す。
- ☐ 拒否的、否定的に対応されても柔軟に応対し議論は避ける。
- ☐ 最後まで悪い印象を与えないよう感情は抑え、関係の構築に徹する。

2）基本的な流れ

　面談の進め方は相手に応じて決めていかなければならない。しかし限られた時間のなかで目的を達することができるよう、ジョブコーチは3-2-3の基本的な流れを念頭におき、必要に応じて展開をリードする心構えをもった方がよい。

3-2-3　企業との面談の基本的な流れ

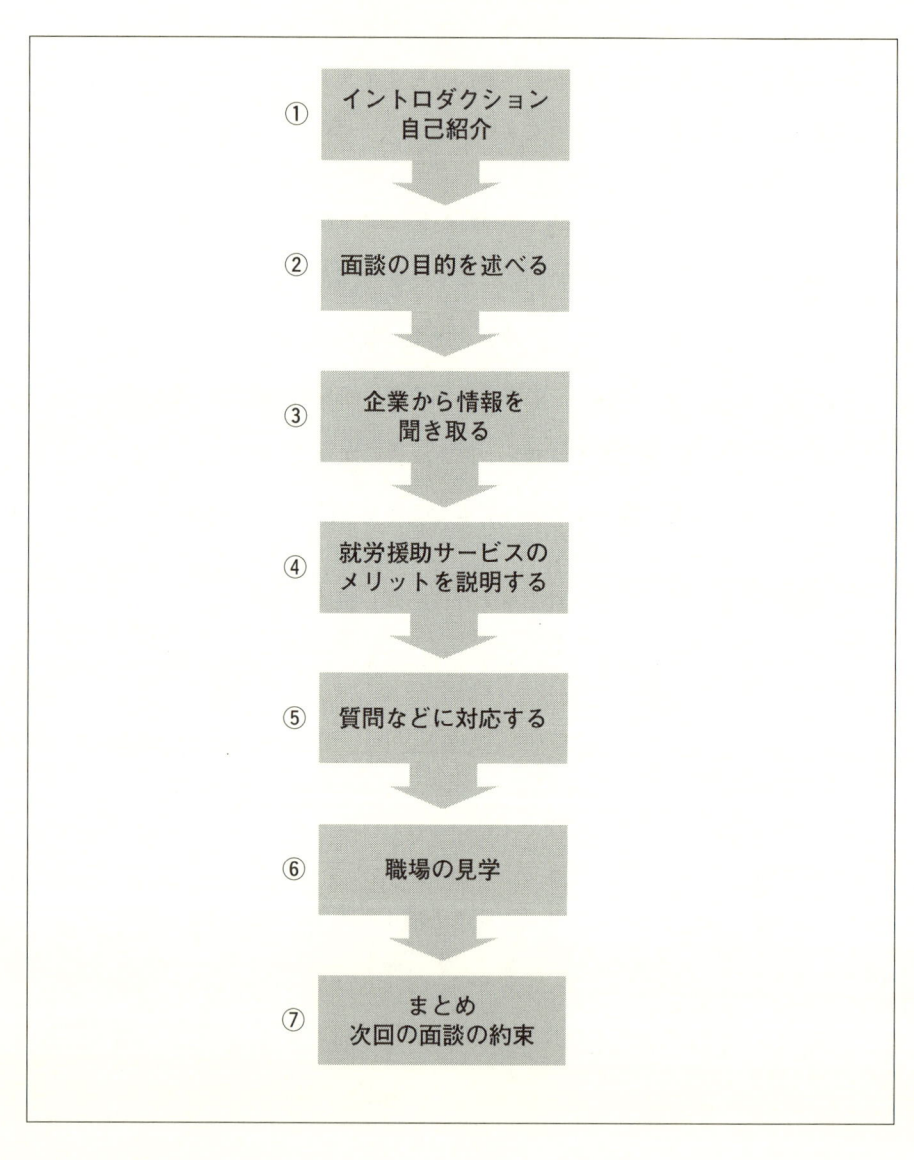

① イントロダクション　自己紹介

↓

② 面談の目的を述べる

↓

③ 企業から情報を聞き取る

↓

④ 就労援助サービスのメリットを説明する

↓

⑤ 質問などに対応する

↓

⑥ 職場の見学

↓

⑦ まとめ　次回の面談の約束

①イントロダクションと自己紹介

　第一印象が重要である。リラックスした明るい雰囲気で挨拶と軽い話題から入る。自分自身と自分の所属する組織について、パンフレットなどの資料を活用しながら説明する。企業にとって障害がある人の就労援助は未知の領域なので、イントロダクションで警戒心を解きほぐすことが必要である。

②面談の目的

　たとえ求職が目的でも、はじめから「雇ってほしい」という意図を全面に押し出すのは得策ではない。企業情報の収集、職務内容についての勉強、障害者雇用に関する意見の聞き取りなどの目的を伝え、障害がある人の雇用を強引に求めるつもりはないことを理解してもらう。相手がストレートな交渉を望む場合は、率直に雇用の可能性から聞き取りを始めてもよい。

③企業からの聞き取り

　事業内容、具体的な職務の種類、障害者雇用の方針や現状、障害者雇用に関する不安や問題点などを企業側から聞き取れるように話を展開する。ジョブコーチが説明するのではなく、できるだけ企業側に話をしてもらうことが大切である。企業訪問を受け入れた背景には3-2-4のような理由が考えられるので、さまざまな角度からの聞き取りによって、障害者雇用についての本音を探り出すことが重要である。

3-2-4　企業にとっての障害者雇用の理由

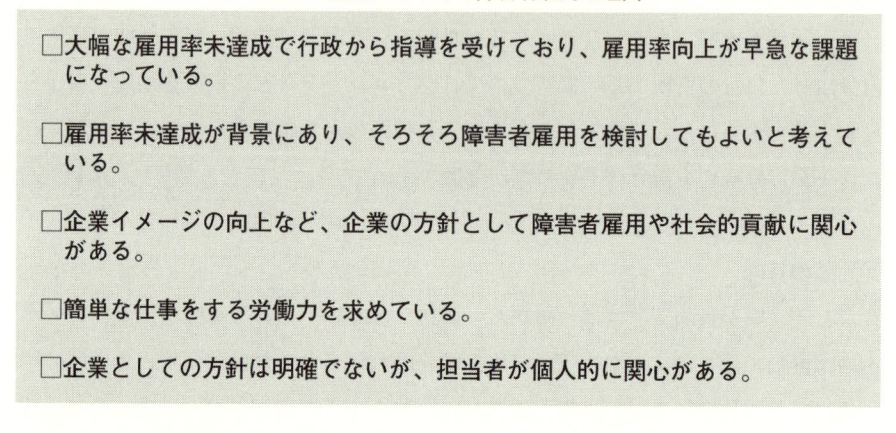

☐大幅な雇用率未達成で行政から指導を受けており、雇用率向上が早急な課題になっている。

☐雇用率未達成が背景にあり、そろそろ障害者雇用を検討してもよいと考えている。

☐企業イメージの向上など、企業の方針として障害者雇用や社会的貢献に関心がある。

☐簡単な仕事をする労働力を求めている。

☐企業としての方針は明確でないが、担当者が個人的に関心がある。

④サービスの説明

　ジョブコーチが提供できる就労援助サービスの具体的内容を説明する。企業からの聞き取りを受けて、企業のニーズに対応した利点を強調する。パンフレットや写真などを活用し、具体的イメージが浮かぶように工夫する。障害がある人の能力に話題が及ぶことも多いが、障害特性を正しく理解してもらうのは、利用者が職場で働き始めてからの方がよい。この段階では利用者の能力よりもサービスのメリットを話題の中心にした方が得策である。一般的に、ジョブコーチが提供する就労援助サービスの利点としては3-2-5のようなポイントが考えられる。

3-2-5　企業に説明する際のジョブコーチのメリット

□**適切な職務の発見**
　企業にとって障害がある人にどのような仕事が適しているのかは分かりにくい。障害特性を熟知したジョブコーチが、適切な職務の選択や組み立てを企業にアドバイスするので、障害がある人の能力と職務のミスマッチを回避できる。

□**導入期の職務の訓練**
　障害がある人が自立して仕事が行えるよう、ジョブコーチが直接仕事の訓練を担当するので企業の負担が軽減される。企業が直接訓練を行う場合でも、障害特性への配慮についてジョブコーチから専門的なアドバイスを得ることができる。

□**人間関係の調整**
　一般の従業員と障害がある人との人間関係が円滑に進むようにジョブコーチが援助する。ジョブコーチは障害がある人への接し方のモデルを示し、また人間関係の促進剤の役割を果たす。

□**助成制度の情報提供**
　障害者雇用に関するさまざまな助成制度について、ジョブコーチから情報を得ることができる。

□**長期的サポート**
　ジョブコーチによるサポートは、ジョブコーチが職場から撤退した後も継続される。就職後の長期的な問題への対応が可能である。

□**サービスは無料**
　ジョブコーチによるサービスは原則として無料である。企業は外部のマンパワーを無料で活用することによって、障害がある人の雇用管理に種々のサポートを得ることができる。

⑤質問への対応

　面談においては企業からさまざまな質問が投げかけられる。あらかじめ質問される事項を予測し、基本的な答えを準備しておくと、場面に応じた即答が可能となる。3-2-6には参考までに、企業から頻繁に質問される事柄の代表例を示した。

3-2-6　企業からの質問の代表例

☐障害について
　　　知的障害とは、精神障害とは、自閉症とは、てんかんとは等
☐仕事の適性について
　　　どんな仕事ができるのか、具体的にこの仕事はできるか等
☐行動特性について
　　　どんな行動をとるのか、乱暴はないか、人間関係に適応できるのか等
☐安全面について
　　　危険が理解できるのか、注意力や集中力はどうか等
☐雇用管理について
　　　一般的にどの程度の賃金、雇用形態、福利厚生が適切か等
☐助成制度について
　　　どのような助成制度を活用できるのか等
☐他の企業での事例について
　　　他の企業での事例があれば具体的に知りたい

⑥職場見学

　面談での意見交換が終了したら、職場見学を依頼すべきである。実際に職場を見学しながら、職務の組み立てを検討し、障害がある人に適した仕事があれば具体的に提案して意見を聞き取る。

⑦企業訪問のまとめ

　面談の結果、障害者雇用の可能性が乏しい場合は、今後の継続的な協力関係を依頼して次の機会へとつなぐ。可能性がありそうな場合は、より具体的な相談、職員の実習などを申し出て次のステップへと展開する。

3．飛び込みでの企業訪問

　企業規模が小さく人事担当部署をもたないところでは、直接訪問して仕事を探す、いわゆる「飛び込み」の方法が効果的である。また企業規模が大きいところでも、

電話でコンタクトをとる前に、名刺やパンフレットを手渡す挨拶訪問をしておくことが有効な場合もある。いずれにしても、約束のない訪問は入り口でシャットアウトされることを覚悟すべきであり、ジョブコーチの心理的ストレスは大きい。しかし、飛び込み訪問は、自分の目で地域や企業の特徴を確かめることができ、多くの企業人に直接会って話をすることのできる効率的な方法でもある。以下には、飛び込み訪問の基本的な流れと訪問時の留意点を整理したので参考にするとよい。

3-2-7 飛び込みでの企業訪問の手順

- □工業団地など企業が密集している場所を地図などで把握する
- □決めた地域の詳細な地図（企業名が出ているもの）を準備する
- □車や自転車などで地域のおおざっぱな特徴をつかむ
- □歩いてまわり外観から企業の規模や仕事内容を推測する
- □入りやすい雰囲気の企業から勇気を出して訪問する
- □訪問した企業は地図にチェックをする

3-2-8 飛び込みでの企業訪問の留意点

- □受け付けや事務所がある場合、名刺とパンフレットを手渡し、非礼を詫びつつ人事担当者への取り次ぎを依頼する。
- □人事担当不在の場合、名刺とパンフレットを置いていき、次の連絡のために人事担当者の氏名と電話番号を聞いておく。
- □あらかじめ「初めてお伺いしました。あらためてご連絡させて頂きます」などの自筆メッセージを書いた名刺を準備しておくと便利。
- □人事担当者に会えた場合、所属組織と障害がある人の就労援助を行っていることを簡単に話し、後日あらためて時間をとって話をさせてほしいことを伝える。
- □相手の反応次第で、その場で話をしてもかまわない。
- □小規模な企業の場合、上記のような手順をふまず、社長を探して直接話をした方がよい。遠回しに話すよりも、障害がある人の仕事を探していることを率直に伝えるようにする。

4．次の展開に向けて

　最初の企業訪問で、少しでも障害がある人の雇用に関心が示されれば第一段階は成功である。次のステップは利用者の実習であるが、その前にできるだけ職員の実習を行い、利用者実習に向けたさまざまな調査と準備を行うことが望ましい。職員の実習ならば企業側も比較的受け入れが容易であるため、ジョブコーチは最初の企業訪問で好感触が得られた場合、タイミングを外さないよう早めに職員実習を依頼するとよい。職員実習については第4章1節「ジョブコーチが仕事をする」で詳しく述べるので参考にされたい。

　職員実習を通して詳しい情報収集ができ、利用者を職場に導入する準備が整ったら、いよいよ利用者実習である。実習をどのような位置付けで実施するか、雇用契約はどの段階で結ぶかなどは、目標とする就労形態、活用する制度などによってさまざまである。ジョブコーチは制度について十分な知識をもち、関係機関と慎重に調整のうえ、利用者実習と雇用契約に向けた段取りを企業と相談する。

　また企業から前向きな反応が得られない場合でも、今後の関係継続に向けて最大限の努力をすべきである。少しでも好感触が得られた企業であれば、その時点で雇用に結びつかなくとも、今後も関係の継続を依頼して、しばらく期間を置いてから再度連絡をとるなどの努力を続けるとよい。

第3節　仕事を見つける視点

　これまで述べたように、職場開拓の難関は障害者雇用に関心のある企業と出会うことである。ジョブコーチはそれをクリアできたならば、次には、その企業の中で利用者に適した職務を見つけ出さなければならない。利用者に適した職務を見つけ

る作業は、通常、企業訪問での聞き取り、職場見学、職員実習、および利用者実習を通して行われ、さらに雇用後も時間をかけて変更・修正が加えられる。

　企業の通常の職務分担に、そのまま利用者に適した職務があれば幸運である。しかし利用者の障害が重度の場合、既存の職務分担を変更して特別な組み立てが必要となる場合が多い。ジョブコーチには、利用者の特性にあった仕事を見つけ、時には仕事を再構成する視点が必要なのである。以下では、仕事の選択や組み立ての代表的な例を表す。

1）できる部分を抜き出して仕事を構成する

　（例）　あるスーパーのバックヤード業務では、野菜のパッキング、空き段ボール箱の処理、在庫管理補助が職務となっていたが、このうち在庫管理補助は職務から外すよう会社と交渉した結果、簡単な野菜のパッキングと段ボール箱の処理だけで職務を構成することができた。

2）できる部分を集めて仕事を構成する

　（例）　ある工場で障害者指定の求人が出たが、通常のライン作業での就職は困難であった。そこで工場内の緑地のゴミ拾い、従業員トイレの清掃、搬送ボックスの洗浄など、すきまの仕事を複数集めることにより1日の仕事を構成した。

3）仕事をまるごと委託してもらう

　（例）　ある工場では清掃を外部業者に委託していたが、外回りの清掃は十分に手が回っていなかった。清掃業者との契約更改にあたって、外回りの簡単な清掃のみを障害がある人のグループが受注し、常時ジョブコーチがつくことによってグループでの就労場面が成立した。

4）仕事を新たに作り出す

　（例）　あるクリーニング工場では、クリーニングした洋服につけるハンガーは全て使い捨てとなっていたが、ジョブコーチがハンガーのリサイクルを提案し、再度使えるものと捨てるものの分別作業を作り出した。

まとめ

　ジョブコーチが行う職場開拓は、原則的には従来の求人に頼った方法を踏襲してもかまわない。問題は利用者の障害が重度で、適当な求人が見つからない場合、求人に応募しても結果が出ない場合にどうするかである。「重度障害がある人の就職は難しい」とあきらめてはならないのが、ジョブコーチの職場開拓の基本的な考え方である。

　ジョブコーチによる職場開拓は、①積極的な攻めの職場開拓、②利用者に適した仕事を見つける職場開拓、の2点がキーワードとなる。企業に対して積極的に仕かける職場開拓を行うには、ジョブコーチに企業の営業マンと同様の意識が必要となる。営業に王道がないように、職場開拓の方法にも王道はない。本章で示した基礎の上に、それぞれのジョブコーチが自らにあった方法を創造していかなければならない。

第4章 職場における援助

　職場開拓が成功したら、いよいよジョブコーチが職場に入って障害のある人への援助を開始する。ジョブコーチが職場で提供する援助の質と量は、数日間付き添って問題がないことをチェックするレベルから、数か月にわたって集中的な訓練を行うレベルまでさまざまである。ジョブコーチは、障害のある人の能力や仕事の難易度などに応じて、適切かつ最小限の援助で障害のある人を自立へと導かなければならない。そのためには、職務や職場環境の分析、障害のある人に仕事を教える技術、複雑な調整能力など、多彩な専門性が必要とされる。本章では職場においてジョブコーチの要求される援助技術の概要を示す。

第1節　ジョブコーチが仕事をする

1．職場で指導する前の情報収集

　職場が決定したなら、まず、ジョブコーチはその職場環境を障害のある人の立場から分析する。職場に関する情報は、次の方法で収集できる。これらのうち、もっとも詳細な情報を収集できるのは「5．ジョブコーチが実際に仕事をする」である。この方法は時間と労力を必要とするが、1～4の方法では入手困難な詳細な情報が入手できる。

1. パンフレット・事業報告書
2. 職場見学
3. 管理者・人事担当者へのインタビュー
4. 現場責任者・同僚へのインタビュー
5. ジョブコーチが実際に仕事をする

2．ジョブコーチが仕事をする目的

　ジョブコーチが実際の職場で仕事をし、入手する情報は、大きく分けると以下の4つである。

1）職務を詳細に分析する
　障害のある人が行う職務を体験することで、その工程の複雑さ、要求される作業スピードや精度など、詳細な情報を入手し分析することが可能である。また、1日全体を通しての体力の消耗度や特殊な技能の必要性などもかなり分析できる。

2）ナチュラルな指導体制を分析する
　職場の誰が、どれくらいの時間、どのような方法で実際の職務内容を指導してくれるかは重要な情報である。仕事に関して判断に困った時にどうするか、作業終了後のチェック体制はどうなっているのかなどについても、ジョブコーチは身をもって知ることができる。また、指揮系統、管理組織体制、そして標準作業を同僚がどの程度遵守しているかなども、入手すべき重要な情報である。

3）安全や失敗に対する体制を分析する
　設備による安全管理はもちろんのこと、安全管理の教育・訓練の仕組みがどのようになっているかも重要なチェックポイントである。また、業務上のミスに対する

第4章 職場における援助 — 69

対応や指導方法についても確認する必要がある。

4）職務外の職場生活を分析する

　職務の他にどのような活動が要求されるかもチェックしておく。出社後、仕事にとりかかるまでにどのような準備をするのか、昼食はどのようにとっているのか、休憩時間はどのように過ごしているのか、その他職務上の規律で覚えておくものはないかなどである。

3．仕事をする前の確認事項

　ジョブコーチが職場で仕事をする前に、事業所と次の準備が必要となる。それは、①施設と事業所双方で目的と主旨の確認、②日程調整である。そして、準備の仕上として、事業所と文書により簡単な取り決めを行うことを勧める。4-1-1には、この文書の例を示す。なお、ジョブコーチが仕事をする期間は、長ければ長いほど、より詳細な情報収集が可能である。しかし、この段階では完全を求めても仕方がない。可能な限り短期間で効率よい情報収集を行うべきである。

　また、施設内部においても事前の準備が必要である。それは、①職場で働くジョブコーチの人選、②職場で働くことにより入手する情報のまとめ方（フォーム）の確認である。後者については、一般的に以下の3つの方法でまとめられる。最低限、これらの情報をまとめるフォームないし約束ごとを事前に施設内で準備・議論しておく必要がある。

　　1．職務分析表
　　2．職務のリストアップ
　　3．職場環境チェックリスト

4-1-1　ジョブコーチが仕事をする取り決め

```
                                              2000年6月22日
(株)○○
△事業部長○○殿
                                              社会福祉法人××
                                              △△施設長○○
```

職場体験実習のお願い

　時下、ますますご清栄のことと、お慶び申し上げます。また、日頃から当施設の知的障害者就労支援事業にご理解ならびにご協力いただき、まことにありがとうございます。
　さて、先日より話しを詰めてまいりました、障害者雇用の前段階に行う、職員の職場体験実習を下記の内容で実施させていただきます。現場の担当の方々に、いろいろとご迷惑をおかけいたしますが、よろしくお願いいたします。

記

日　時	2000年6月26日　午前8時30分～午後5時15分
職員名	○○
目　的	知的障害者の雇用を前提とした、職務ならびに職場生活の内容の確認
内　容	障害者雇用として想定される職務(社内清掃)をひと通り当施設職員が行う。
備　考	当日は、8時15分までに、○課長△様をたずねておうかがいいたします。あくまでも、当施設の業務として職員を出しますので、業務上の災害等につきましては、当法人の規定に沿うことになります。職務については十分な技能をもち合せておりませんので、ご指導をお願いいたします。

以上

4．職務分析表の作成

　ジョブコーチが行う職務分析は、一般に、雇用される障害者が、1日をとおしてどんな職務を行うかをタイムテーブルにそってリストアップしたものである。
　4-1-2は、ある職場の「日常清掃」を職務分析したものである。

4-1-2　日常清掃の職務分析表

職場名	○○研修センター	
職　種	日常清掃	基本的にほぼ毎日固定の仕事 ＊印は、毎日同じ仕事

時間		職務内容	備考
AM	8:20	＊仕事の準備	タイムカード・着替え・用具セット
	8:30	＊1Fホール・廊下の掃除	清掃用カート使用
	8:50	＊2Fホール・廊下の掃除	同上
	9:00	＊2Fトイレの掃除	同上
	9:30	＊1Fトイレの掃除	同上
	10:00	＊ゴミ箱・吸殻入れの掃除	同上
	10:15	＊休憩	
	10:25	1Fマット掃除	掃除機使用
	10:45	中庭・外回りの掃除	竹箒・ちりとりなど使用
	11:30	＊昼休み	
PM	12:15	＊事務所掃除	ごみ袋と掃除機
	13:00	＊階段掃除	清掃用カート使用
	13:50	＊水回り(洗面台)掃除	同上
	14:20	＊休憩	
	14:30	ホールガラスふき	清掃用カート使用
	14:50	＊ゴミ箱・吸殻入れ・汚物入れの掃除	同上
	15:10	＊用具の片付け・手入れ	
	15:30	＊帰り支度	業務日誌・着替え・タイムカード

　どのような企業・事業所にも、必ず労働時間と休憩時間についての取り決めが存在し、部署ごとの職務も明確にされている。ジョブコーチはそれを基に、体験中に自分がいつ、どんな仕事をしたかを一覧表にする。もちろん、実際に体験した時間だけではなく、その職場のごく普通の働き手だと、各職務にどれくらい時間を費やしているのかも確認しておく必要がある。この段階では、障害のある人の能力を想定しない。あくまでも、職場で求められる職務を明確にするものである。

　4-1-2に示した職場では、比較的毎日固定した職務が存在する。職務分析表を作る際、まず注意すべき点は、毎日固定した職務があるかどうかである。4-1-3の流れ図は、職務の固定の程度を分析するために用いるものである。ここでは、職務を4つ

のレベルに分けている。

　この事例は知的障害者を想定している。知的障害をはじめとした、比較的慎重にジョブコーチが付き添いトレーニングを必要とする職場としては、一般的に、完全固定や毎日固定の職務が多いほど継続雇用の可能性が高くなる。一方、低頻度の職務を常に集めなくてはならない職場は、雇う側・雇われる側双方に負担がかかるものである。

4-1-3　職務の固定を検証する流れ図

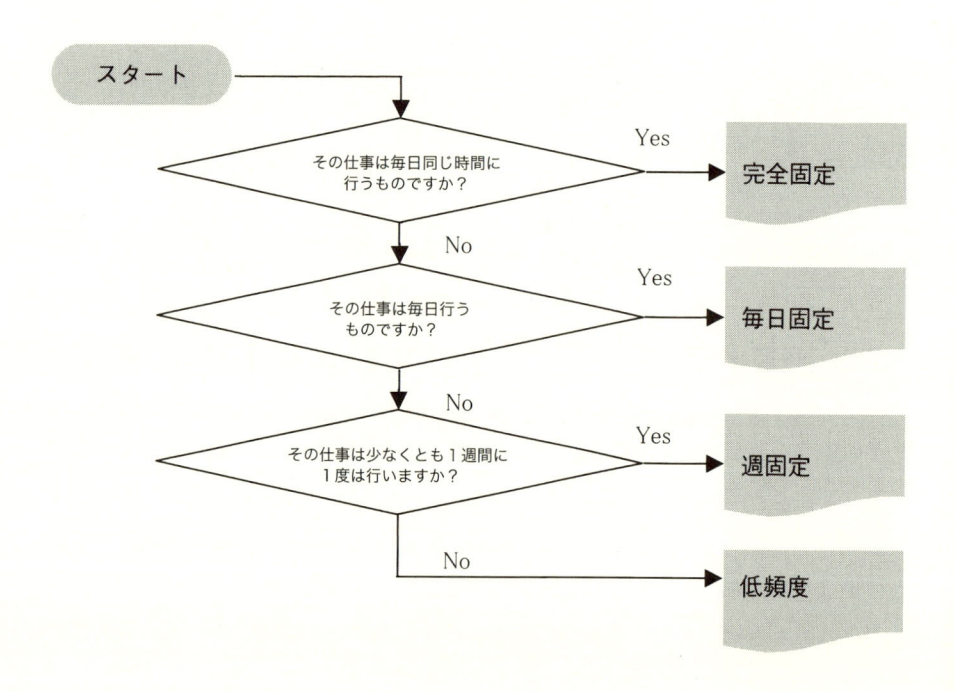

```
スタート ──┐
           ↓
    ┌─────────────┐
    │その仕事は毎日同じ時間に│── Yes ──→ 完全固定
    │行うものですか？     │
    └─────────────┘
           │ No
           ↓
    ┌─────────────┐
    │その仕事は毎日行う   │── Yes ──→ 毎日固定
    │ものですか？      │
    └─────────────┘
           │ No
           ↓
    ┌─────────────┐
    │その仕事は少なくとも１週間に│── Yes ──→ 週固定
    │１度は行いますか？    │
    └─────────────┘
           │ No
           ↓
         低頻度
```

第4章 職場における援助　　73

5．職務のリストアップ

　次に、企業・事業所の人事担当者ならびに現場責任者が、障害のある人の職務として想定しているリストを作成する。さらに、これ以外に、ジョブコーチが実際に体験・見学をした範囲で、障害のある人でも可能と想定される職務もリストアップする。4-1-4は、4-1-2で紹介した日常清掃の職務をリストアップしたものである。

4-1-4　職務のリストアップの例

予定されている職務	
１．床・階段清掃	１F～３Fの床・フロア
２．トイレ清掃	１F～３Fのトイレ
３．事務所清掃	１Fの事務所
４．外回り清掃	ゴミ・落ち葉・タイル磨きなど
５．ガラス・手すり清掃	１F～３Fのガラス・手すり
６．ゴミ・吸殻等清掃	１F～３Fと外のゴミ箱・吸殻入れ

可能な職務	
１．ゴミの分別	事務所のゴミ中心に（紙・ビンや缶・電池など）
２．モップ・雑巾の洗濯	週に１回程度洗剤を使い洗濯
３．洗剤の管理	洗剤液を薄める
４．エレベーター清掃	床と壁、ステンレスなど
５．その他	

6．職場環境のチェックリスト

　職務内容以外の、ナチュラルな指導体制、安全や失敗に対する体制、職場生活の内容、さらには固有の雰囲気などを調べるチェックリストを事前に作成しておくと便利である。4-1-5は、職場環境の分析項目例である。これを参考に、職場の規模や業種・職種などに応じて具体的な項目を作成し、チェックリストを作成することを勧める。もちろん、職種によっては4-1-5にはないチェック項目が必要となる。例え

ば、食品をあつかう職場では、「衛生管理」についてかなり詳細な分析が必要となる（例：制服の管理、手洗いの方法、特殊な洗剤の使用、定期的な検便など）。

4-1-5　汎用的な職場環境の分析項目

1. 標準作業	□ 標準作業手順の有無と範囲	□ 職員の標準作業遵守の割合
2. 指揮系統	□ 朝礼・終礼時の確認内容	□ 職務変更の判断と伝達方法
3. 研修教育	□ 新人指導の担当者有無	□ 新人教育プログラム有無
	□ 職務内容のチェック方法	□ ミスに対する指導の方法
4. 職員・シフト	□ 職員の人数	□ 職員の構成（年齢層・性別）
	□ シフト勤務の有無	□ 異動・離職の頻度
5. 休憩時間	□ 主な過ごし方	□ 昼食のとり方
6. 安全管理	□ 安全管理教育の実施機会	□ 安全管理教育の方法
	□ 資材・用具の管理方法	□ 危険物・危険個所の注意表示
7. 設備	□ 冷暖房	□ 重量物の移動の有無とその方法
	□ 機械設備の有無と使用方法	□ 掲示方法（部屋・機械・工程名）
8. 個人管理	□ 私物の保管方法（ロッカーなど）	□ 就業時間中に使用する金額
	□ 社内診療所の有無や通院制度	□ 終業時間後の社内サークル
	□ 社員の交流会の頻度	□ 給与の支払方法
9. その他	□ 職場に出入りする人の数	□ 職員間の略称・専門用語の多さ
	□ 業務中の会話（量・内容）	□ 喫煙・禁煙の区画
	□ 障害者雇用の経験と規模	
	□ 障害者の事情で作業グループや現場監督者の変更の可能性	

7．まとめ

　援助付き雇用では、実際の職場における指導・評価が重視される。知的障害のある人が、職場で必要とする指導（援助）は非常に多様である。また、多くの職場では、新入社員に対する研修や指導の仕組みは現存しているし、安全やミスに対する対策にもルールが存在する。ジョブコーチは、このような職場についての情報を短期間で包括的に入手することが求められる。

　より正確な職場に関する情報収集を行うには、ジョブコーチが実際にその職場で

働いてみるのがベストである。これにより、詳細な職務の種類や内容、1日の職務の流れ、そして職場のさまざまな環境あるいは社風について調べることが可能となる。

第2節　事前の打ち合わせ

1．職場における指導とは

　ジョブコーチが実際の職場で指導するのは、ただ「仕事を教える」ことだけではない。むしろ、「仕事を教える」より他のことが重要である。4-2-1は、ジョブコーチが障害のある人に対して指導する内容を大まかにまとめたものである。

4-2-1　ジョブコーチが職場で指導する内容

```
□ 仕事に関するもの
    ・職務、仕事そのもの
    ・仕事に関する指示の理解と伝達方法
    ・業務報告・日報・朝礼、終礼の参加方法
    ・労働者としての必要書類の記載方法（休暇届けなど）
□ 職場生活
    ・登社から就業時間までの過ごし方
    ・休憩時間の過ごし方
    ・昼食時間の過ごし方
    ・終業時間から帰宅までの過ごし方
□ 通勤
    ・交通経路と通勤路を覚える
    ・緊急の連絡方法
□ 生活の場との連絡
    ・必要書類や連絡事項の伝達方法
    ・急な休暇をとる場合の方法など
```

2．職場における指導の留意点

　ジョブコーチは、職業前の訓練として施設内の作業室で指導を行う場合と同じ感覚で、実際に雇用される企業・事業所で指導してはいけない。なぜなら、実際の職場では、ジョブコーチは管理や決定する権限を持ち合わせてはいないからである。例えば、その場その場で、障害のある人にあわせて職務内容や作業手順などを変更することをしてはいけない。変更に関しては、その事業所の責任者や現場の管理者に提案し、調整可能であるかどうか交渉することが、ジョブコーチの職務となる。

　また、ジョブコーチの職務はあくまでも、障害のある人がその職場の一員になれるよう支援することである。ジョブコーチが、悪くいえば過剰に、指導・訓練を行えば行うほど、職場の管理者や同僚がその障害のある人と接する機会が失われることを忘れてはいけない。「障害のある人と接したり指導するのは、専門の人材だけが行う（できる）ものである」と間違った印象を周囲に与えるに違いない。職場に現存する資源を活用・調整することを基本に、ジョブコーチは支援を計画する必要がある。このように、利用者と職場の従業員との良好な関係を作り出すことを「ナチュラルサポート」といい、ジョブコーチの重要な職務のひとつである。

　そこで、障害のある人が職場で働く前に、ジョブコーチと現場の責任者あるいは担当者とできるだけ綿密な打ち合わせを行わなくてはらない。この打ち合わせの出来いかんで、その後、障害のある人が周囲の同僚から「ある程度戦力になる存在」として認められるかどうかが決まる。打ち合わせで、確認すべき基本的な内容について、以下に紹介する。

3．職務内容の確認

　まず、現場の責任者と確認しなくてはならないのは職務内容である。特に、事業所規模が小さく、多様な職務が存在しない事業所では、可能な限り具体的に職務内

容を決めておく必要がある。なぜなら、このような職場では、障害のある人向けに、可能な職務を事前に確保したり、ストックしたりなど、常に配慮が必要になるからである。もしこれがなかったら、障害のある人のできる仕事が急になくなり、何もしない時間をたくさん作り出してしまうか、到底できない難しい職務を指示されることになる。こうなると、障害のある人の労働に対するモチベーションやモラルは目に見えて低下する。小規模の事業所で指導を行う場合、ジョブコーチは事前に可能な限り具体的に打ち合わせを行う必要がある。

一方、規模がある程度大きい職場では、事前の研修期間あるいは試用期間中に、計画的にいくつかの職務を体験させ、その結果として十分力が発揮できる職務を選択することが可能である。このような職場では、障害のある人のこれまでの職歴や同様な障害のある人を雇用している他の事業所の実績など、可能な職務についての汎用的な情報交換が必要である。

4-2-2には、同僚が3人といった小規模な職場における、日常清掃の職務をまとめてある。この職場では、天候や周囲の仕事の進み具合により頻繁に職務内容やスケジュールが変更されることが予想されたため、打ち合せにより、固定した日課の割合を増やした。結果として、日によって職務が変わるのは、午前と午後の2回の時間だけになっている。

4-2-2 打ち合わせで詳細に決定した職務

職場名 ○○研修センター		
職　種　日常清掃		
固定性　毎日固定とオプションの組み合わせ		
時間	職務内容	備考
AM　8:20	仕事の準備	タイムカード・着替え・用具セット
8:30	1Fホール・廊下の掃除	清掃用カート使用
8:50	2Fホール・廊下の掃除	同上
9:00	2Fトイレの掃除	同上
9:30	1Fトイレの掃除	同上
10:00	ゴミ箱・吸殻入れの掃除	同上
10:15	休憩	
10:25	（下のオプションから）	
11:30	昼休み	
PM　12:15	事務所掃除	ごみ袋と掃除機
13:00	階段掃除	清掃用カート使用
13:50	水回り（洗面台）掃除	同上
14:20	休憩	
14:30	（下のオプションから）	
14:50	ゴミ箱・吸殻入れ・汚物入れの掃除	同上
15:10	用具の片付け・手入れ	
15:30	帰り支度	業務日誌・着替え・タイムカード
オプションの職務		
中庭　　外回り・駐車場　　玄関ホールの窓ガラス　　事務所の窓ガラス 1F廊下の窓ガラス　　　　2F廊下の窓ガラス　　　エレベーター 階段手すり　　　自動販売機　　ゴミ箱清掃		

4．職務命令と管理者

　職務内容を確認したなら、その職務は誰が指示をし、遂行状況ならびに結果を誰がチェックするかを確認する。先にも述べたが、ジョブコーチが職場に入り仕事を

指導すると、この職務命令や管理があいまいになってしまう場合がある。ジョブコーチには職務命令をする権限も仕事の出来を管理する権限も本来は持ちあわせていないことを、しっかりと認識しなくてはならない。

この担当者を明確にしておくことで、障害のある人が、同僚からの注意や叱責で混乱したり、次に何をすればよいか指示が出なかったり、仕事の出来栄えに自信をなくしたときに、職場の誰に指導・援助を求めればよいかがわかりやすくなる。

5．職場生活の支援態勢

障害のある人は、職務外でも職場のルールや社風にあった行動が求められる。多くの障害のある人は、この職務外の時間の過ごし方においても、何らかの継続的な支援や指導が必要である。まず、職場生活で想定される活動をリストアップし、必要とされるであろう援助を確認する。職場生活とその支援態勢について、2つの事例を紹介する。

【社員食堂の利用方法】
カズヤさんが働くことになった会社には社員食堂がある。そこでは、事前に購入した食券で、料金を支払う仕組みになっている。食券はひと綴り3,000円で、100円券が20枚、50円券が20枚セットになっている。カズヤさんは、1人で食券を出すことができない。また、昼食時間は食堂のレジは大変混みあっており、そこでの混乱は明らかに予測される。ジョブコーチは、職場の雇用担当者と、カズヤさんの社員食堂の使い方について調整を行った。

- 昼食時間は、最初の1か月は、他の社員より10分早く開始することとする（混雑を避けるため）。
- 最初の1か月は、社員食堂には同僚のAさん（休みの日はBさん）につき

添ってもらい、食券を出す練習を行う。
- 1か月経過した時点で再度話し合いをもち、今後の昼食時間の対応を検討する。

【休憩時間はどう過ごせばいいのか】

　トシオさんは、工場の緑化・清掃の仕事につくこととなった。ジョブコーチは、職場の職務内容と彼の評価結果を照らし合わせ、2つの心配な点があった。それは、①夏の炎天下で作業する際、指示がなくても自分でソフトドリンクなどの水分補給をして体調管理ができるだろうか、②これまで業務時間中にトイレに行ってもさほど問題のない場所でしか働いてこなかったため、休憩時間にトイレへ行くという習慣がつくだろうか、の2点である。この2つの心配点について、現場のグループリーダーと話し合い、当面以下のような対応をとることとした。

- 最初の1週間は、休憩時間や仕事の切り替え・準備の時間にトイレへ必ず行くこととし、ひとりで行こうとしない場合は、グループリーダーに指示を出してもらう。
- また、この1週間ジョブコーチがつき、トイレの場所を教える（仕事をしている場所により使うトイレが異なるため）。
- 夏季の水分補給は、全職員の問題であることから、職場全体として休憩時間にお茶あるいはソフトドリンクの支給を行う方法を採用した。

　ジョブコーチは職場で障害のある人を指導する前に、職場に現存する指導・研修プログラムを活用・修正を申し入れたり、同僚や上司に必要な援助を申し入れるなどの調整を行うことになる。障害のある人にとって必要と想定される援助や指導は網羅すべきであるが、職場の業務そのものに支障をきたすほど過剰な要望を提案するのも問題である。ジョブコーチのバランス感覚が問われる。

また、以前から障害者雇用に積極的な取り組みを行っている企業では、独自の採用前後のプログラムをもっている。ある企業では、「3－3－3プログラム」と称し、採用前の3か月は受け入れ側の準備体制を整える期間、採用後3週間は採用時のオリエンテーションと配置先決定の評価、そしてその後3か月間は職場内のパートナーによる継続的な定着指導、といったフォーマルな仕組みを用意している。ジョブコーチが、ナチュラルサポートの考えを前面に押し出し、初期の援助体制を計画していけば、多くの企業でこのような採用前後のプログラムが作られていくはずである。

6．付加的な援助の提案

　ここまでの確認事項は、職場内の資源(人材)で完結している。いわゆる、ナチュラルサポートの内容確認である。これから、ジョブコーチであるあなた自身が職場内でどのような指導・支援を行うかを決めていく。
　大切なことは、障害のある人と職場に関する情報を詳細に分析し、事前の綿密な打ち合わせを行えば、職場の外部のジョブコーチが、その場で指導・訓練を行う必要性がない事例が圧倒的に多いことである。ジョブコーチが職場で指導・訓練を行うのは、次の条件のどれかに合致した場合である。

> ①職場で仕事を教えたり、職場生活支援を行うパートナーに教育を必要とする場合
> ②障害者雇用の経験がまったくない事業所あるいは経験が浅い事業所
> ③雇用された後に職務内容や作業手順が変更・修正される可能性の高い場合
> ④障害のある人に行動上の問題が生じる可能性がある場合

事前の打ち合わせが不十分で、職場内のナチュラルなサポート体制の確立ができ

ない、あるいはうまく決まらないため、ジョブコーチが毎日出かけ、障害のある人につき添うようになることは避けなくてはいけない。付加的な援助の提案は、以下の手順に沿って行う。

1）付加的な援助が想定される職務の確認

　職務分析表の中で、どの職務の指導・訓練がもっとも困難であると想定されるかを提案する。多くの場合、職場の責任者が難しいと考えている職務とジョブコーチの予測は一致する。誰にとっても、次のような職務は難しいものである。

> ・熟練した技能を要する仕事
> ・短時間でたくさんの分量を求められる仕事
> ・不自然な姿勢の保持や筋力が要求される仕事
> ・ミスがまったく許されない仕事
> ・多面的で複雑な判断が求められる仕事

　しかし、時には障害の特性ゆえに、普通は見過ごしてしまうような些細な要因が職務を難しくする。たとえば、次のような事例がある。

> ・短期的な記憶に障害があるため、10桁番号を手がかりに適切な材料を棚から選択できない
> ・暗算が難しいため、ある金額の郵便料金（例：270円）から、必要な切手を探せない（例：90円切手3枚）
> ・量の概念が難しいため、液体洗剤を容器から適量取り出せない

　ジョブコーチは、可能な限り慎重に、困難が想定される職務とその原因について事前に整理しておく必要がある。そして、職場の責任者と意見交換し、共通の問題

意識をもつ。

2）改善方法の提案と交渉

次に、困難が想定される職務について、どのような改善方法があるか検討する。改善の方法は、まさに多種多様である。単純にくり返しで熟練が期待できる場合から、何らかの設備やジグ（作業を正確に完成させるために必要とする道具）の活用を検討する場合、さらにその職務そのもののやり方を大幅に変えてしまったり、その職務の担当からはずすことまで考えなくてはならない。

この改善提案とその交渉により、職場でのジョブコーチの役割が決まってくる。そしてこれは、当然、障害のある人の労働時間や処遇・賃金の問題まで影響することを忘れてはいけない。

3）ジョブコーチがつく目的の確認

ジョブコーチの役割は、職場に存在する資源をうまく調整・活用することで、障害のある人がもっている労働力が十分に発揮でき、職場内で確固としたポジションを勝ち得るための支援を行うことである。そして、ここでは個別のより具体的な目的を提案し確認する。例としては、次のようなものが考えられる。

> ・所定の時間内でトイレ清掃の業務が完了できるように指導する
> ・毎朝出される職務命令どおりに仕事を行えるような仕組みを構築する
> ・職場の昼食や休憩時間に、同僚から孤立しないで過ごせる環境調整をする

4）ジョブコーチがつくスケジュールの確認

ジョブコーチが職場で行う援助の提案・交渉の最後の懸案事項は、そのスケジュールの決定である。いつからいつまで、どれくらいの時間、職場にジョブコーチがつ

き添うのかを具体的に調整する。最初から長期間の提案を行わず、比較的短期間設定し、その期間満了前に次の期間をどうするか調整する方法が一般的である。例えば、まず10日間の期間と決め、9日目に再度その後の10日間の内容を検討するといった方法である。

4-2-3は、日常清掃の仕事につく障害のある人に対して、ジョブコーチがどのような支援を行うか、事前に打ち合わせた内容の要約である。

テツロウさんの日常清掃につくジョブコーチは、当面次のようなスケジュールでこの職場に通うことになる。

① 6月22日から26日までが午前8時20分から10時25分まで
② 6月26日から7月31日までが午前8時50分から10時25分まで

そして、雇用されてから最初のミーティングを6月30日とし、その時点までの双方の意見交換、または計画の修正を行うことにする。

4-2-3　ジョブコーチが直接指導する職務の計画

【想定される困難な職務①】
オプションの職務を含めた1日の職務の流れの命令がうまく伝わらない
【その理由】
　　　現在は、朝礼や終礼が行われているわけではなく、毎朝職員同士で1日の各自の職務の流れを特に明確に言語化することもなく分担している。固定された職務以外は、その時その時に「あそこもきれいにしておいた方がいい」といった指示をお互いに出しあっている。責任者は、週に2回程度確認に来て、業務の指示を出していくが(例:「××は汚れている」「△△は○○の洗剤を使った方がいい」)、日々の一人ひとりの職務内容までふれることは稀である。これでは、知的障害をもつテツロウさんには、何をしていいかわからない時間が何度も出てくる。
【可能な対策】
・　朝礼実施
・　職務のスケジュールボード作成(ホワイトボードとマグネット)
【ジョブコーチの目的】
・　朝礼の進め方を同僚と検討し実施を支援する
・　スケジュールボードを作成し使い方を検討・徹底する
【ジョブコーチがつく期間】
　　6月22日～26日

【想定される困難な職務②】
　　　2Fトイレ清掃・1Fトイレ清掃を各30分間で終了するのは困難
【その理由】
　　　ジョブコーチが実際に仕事を行った時、2Fのトイレ清掃にはだいたい1時間費やした(30分では女性トイレしか完成しなかった)。テツロウさんは、施設内の作業室で清掃の講習をうけ実際に別の現場で実習を行ってきたが、非常に丁寧できれいな仕事をする反面、決して作業スピードが速いわけではない。また、トイレ清掃は、すべての職務の中でももっとも複雑で使用する用具も多いため、予定の時間内での完了は困難と想定される。
【可能な対策】
・　トイレ清掃の工程や用具を見直し、時間短縮の方法を検討する
・　1日の職務の流れの時間配分を検討する
・　トイレ清掃の分担量に関して、他の職員と調整する
【ジョブコーチの目的】
・　トイレ清掃の新しい方法を検討・調整し、その方法で指導を行う
・　1日の職務内容を検討・調整する
【ジョブコーチがつく期間】
　　6月22日～7月31日

7．まとめ

　すべての事例で、必要な援助の程度やその期間を明確に予測できるわけではない。また、多くの事例は、実際に職場で仕事を始め、何らかの援助や指導を行ってからはじめて職務や職場生活上の問題が生じるものである。しかし、だからと言って職場と障害のある人双方の評価結果から想定される事前の準備が「必要ない」ということにはならない。特に、職場に現存する資源あるいはその調整などは雇用や実習前に計画できるうえ、もっとも効果的である。

【コラム：障害のある人本人や家族との打ち合せ】

　仕事に通いはじめて短期間で離職する事例も時には存在する。その多くは、本人の仕事へのモチベーションの問題であったり、周囲と本人との仕事に対する考え方の違いであったり、職場の情報収集の失敗などが原因である。

　これらの多くは、障害のある人のアセスメントや職場の調査で、そのミスマッチをかなり予防できる。そして、働く前に職場と打ち合せすると同様、本人や家族と事前に職場の情報を確認することで、よりいっそうの予防が可能になる。

　例えば、職場に通う前にワークシート形式で、下記のような「働いてからの注意事項」を障害のある人に確認する方法がある。

　　◇働いてからの生活リズム(就寝・起床時間、出社・帰宅時間など)の確認
　　◇体調維持のために気をつけること（食事や夜更かしなど）の確認
　　◇通勤経路の確認
　　◇休みをとる際の会社への連絡方法の確認
　　◇朝や帰りにあいさつする人や場所の確認
　　◇職場で仕事を指導してくれる人の名前の確認
　　◇失敗したり叱られたときに相談する人の名前の確認（職場内と職場外）

第4章 職場における援助　87

第3節　職務の指導：ジョブコーチが直接指導しない場合

1．直接指導しない職務の情報収集

　ここからは、障害のある人が、実際の職場に通いはじめてからのジョブコーチの仕事を紹介する。ジョブコーチは、雇用の初期段階において、どんな些細な情報にも気を配る必要がある。障害のある人につき添い、実際に見聞きできる以外の情報収集も重要になってくるのである。これによってはじめて、事前の打ち合わせで計画した内容がどの程度妥当であったかを検証でき、さらに、今後の計画の修正が可能となる。
　ジョブコーチが情報収集する方法は以下の4つである。

> 1．直接観察する
> 2．障害のある人本人にインタビューする
> 3．その現場にいる同僚にインタビューする
> 4．管理者・人事担当者にインタビューする

　このうち直接観察は慎重に行いたい。なぜなら、事前の打ち合わせでジョブコーチが直接指導しない職務・職場生活と決定したものまで、すぐ側で観察しつづけることで、①障害のある人本人がジョブコーチに過剰に依存的になる、②周囲の同僚の責任が不明確になることはもちろん、③忙しく仕事をしている職場で観察だけを目的とした人が存在するのは奇異である。可能な限り短時間で、要点を得るだけの観察を心がけるべきである。そして、これを可能とするためにも、ジョブコーチが事前に働く（第1節参照）あるいは事前の打ち合せ（第2節参照）の段階で、職場の責任者や同僚との良好な人間関係を構築しておく必要がある。

2．インタビュー重視

　ジョブコーチが直接指導しない職務や職場生活の情報を収集する上で重要なのが、インタビューである。誰にインタビューすることでどんな情報が確認できるか、その代表例を簡単にまとめる。

【障害のある人本人】
- その職場で働くことへのモチベーションの高さや低さ
- 難しい職務や自信のある職務
- 職場生活上で困っていること・快適なこと
- 職務や職場生活上で同僚や上司に注意されたこと・ほめられたこと

【現場の同僚】
- 他の同僚と比較して気になる
- 指導による改善点や問題点
- 職務以外の過ごし方

【職場の管理者】
- 障害のある人に対する管理者としての評価
- 障害のある人に対する同僚の評価
- 同僚や他の部署からの苦情や困っていること

　これ以外にも、障害のある人の家族から、家庭生活の様子について聞き出すことにより、雇用の継続による疲労度や働くことへのモチベーションなどについて重要な情報を入手することも可能である。また、特別な「業務日誌」を作成し、本人から有益な情報を収集することも可能である。4-3-1 は、日常清掃の仕事についたテ

第4章 職場における援助　　　　　　　　　　　　　　89

ツロウさんの業務日誌である。この日誌を、職場の管理者ならびにジョブコーチが見ることで、直接観察することができないさまざまな職場での様子が把握できる場合がある。

4-3-1　障害のある人本人向けの業務日誌

日付	月　　日（　　）		確認印	
今日の仕事（きょうのしごと）	AM			
	PM			
つかれましたか	たいへんつかれた ・ つかれた ・ いつもと同じ ・ いつもよりらくだった			
うまくできた仕事（しごと）				
誰に注意されましたか（ちゅうい）		どんなことを注意されましたか（ちゅうい）		
あした気をつけること（き）				

　ジョブコーチがインタビューで収集する情報は、具体的なものでなくてはならない。例えば、本人が「いつも○○さんに、仕事が覚えられないと注意されている」と言ったならば、「今日は、どんな仕事をしているときに注意されたのか？」「そこで、あなたがミスしたのは何か？」など、可能な限り具体的な内容を聞き取る必要がある。同様に、注意をする同僚にも「どんな仕事がうまくできないか？」「どんなミスをするのか？」「それはどれくらいあるのか？」「その時どのような指導をしているのか？」など具体的に確認しなくてはならない。

3．調整のレベル

　インタビューによる情報収集に際して、ジョブコーチが心がけるべき点は、障害のある人のポジティブなメッセージを必ず1つは相手に返すことである。そのうえで、何らかの解決を必要とする点について調整を試みる。この調整にはいくつかのレベルが存在する。

1）励ましと見通しの提示
　これは、特別新たな対応を必要としないレベルの調整である。障害のある人や現場の同僚にこのレベルの調整を行う場合が多い。例えば、「今は○○で注意されることが多いけど、まず自信のある△△の仕事をしっかり覚えなさい、来週から○○をどうするか話しあうから」「仕事の流れを完全に覚えるまではまだ1か月程度かかると思います。もう少し気長に見てもらえますか。もし、1か月後も今と同じようなら、どのような方法があるか管理者の人と一緒に検討してみます」などとアドバイスする。
　それほど大きなトラブルに至っていない、ちょっと気になる程度の問題であれば、猶予期間を明示して励ます方法だけで解決する場合がかなりたくさんある。しかし、重大なトラブルに対して、このレベルの調整では何も解決しない。

2）指導方法の変更提案
　これは、主に同僚あるいは直接職務を指導したり、職場生活を支援する担当者に行う調整である。現在の対応のごく一部を、比較的単純な方法で変更できる場合にはこの調整を行う。例えば、次のようなことがあげられる。

> - 清掃用具を雑に管理・保管する人に対して、用具棚に名前をつけたり、必要ならば保管の箱を用意する。
> - 配送の書類の分類ミスを見つけた場合、注意するだけでなく、再度相当の分量に関して再度分類ミスがないかどうか自分でチェックさせる。
> - 名刺印刷の枚数チェックのミスが多い場合、箱単位のチェックシートを印刷機の横に掛けておき、そのシートで確認しながら仕事を進める。

このように、職務のごく一部や具体的な指導方法の一部を変更するだけなら、その担当者との調整で解決する。ただし、職務そのものや指導方法や支援体制の全般に関わる内容については、もっと高いレベルの調整が必要である。

3）打ち合わせ議題

ジョブコーチが直接指導しない職務や職場生活に関する再調整で、もっとも重大なものは、職場の責任者・管理者を交えての打ち合わせである。このレベルの調整が必要な場合には、次のような結論を想定する必要がある。

> ① ジョブコーチが直接指導するスケジュールの変更
> ② 障害のある人が担当する職務の変更
> ③ 現場の指導体制や教育体制の変更
> ④ 職務や職場生活の指導・支援者の変更
> ⑤ 雇用の継続に関する決定

4-3-2は、テツロウさんの同僚が気になった「昼食のお弁当問題」について、本人のインタビューをもとに、ジョブコーチがつくスケジュール調整により解決した事例である。

4-3-2 昼食のお弁当問題の解決

問題点
昼食時間にいつも同じお弁当を買っており、同僚が「もっと美味しいものもあるはずだから、次は違うの買ったら」と指示しても、いつも同じ。最近は、お弁当を同僚に見られたくない様子。
本人からのインタビュー
同僚からお弁当屋さんを教えてもらい、いつもそこに買いに行っている。比較的買いに来ている人が多いうえ、メニュー表示がわかりづらく、どうしてもいつも同じ「ハンバーグ弁当」しか注文できないとのこと。別に好き嫌いがあるわけではなく、他のお弁当のメニューとその金額がわからないので、心配で同じ物を買ってしまう。
打合せによる調整
7月1日より3日まで、ジョブコーチは昼食時間まで職場で指導することとする。ただし、トイレ清掃の指導後の時間(10:25〜11:30)は、職場近隣のお弁当屋の調査と、お弁当屋にメニュー提示方法の検討を調整することとした。 最終的には、 　1．いつも通っている弁当屋に400円から500円のお弁当メニューのうち3種類を障害のある人に個別の選択肢として伝えてもらう 　2．3日間はその選択肢から1種類を選ぶ方法をジョブコーチが指導する といった対応をとった。さらに他の弁当屋の利用やメニューを広げる努力は、今後の検討課題とした。

4．まとめ

　障害のある人が職場に通いはじめてからも、仕事ぶりや職場生活の様子について慎重に情報収集する必要がある。特にジョブコーチがつき添い、直接観察できない状態について関係者から情報収集することを忘れてはいけない。これは、事前の打ち合せで計画した内容の継続あるいは修正の必要性を検証できるものである。

　収集した情報から、早急に何らかの調整を必要とする場合は、その問題点により3つのレベルの調整を行う必要がある。それは、1）励ましと見通しの提示、2）指導方法の変更提案、3）打ち合せ議題である。

第4節　職務の指導：ジョブコーチが直接指導する場合

1．職務を課題分析する

　事前の打ち合わせで、ジョブコーチが直接指導する職務が決まったら、可能な限り効率的でなおかつ計画的な訓練プログラムを計画する。ここでは、課題分析を中心とした、職務の訓練方法を紹介する。

4-4-1　男性トイレ清掃の課題分析

1．ドアをノックする
2．「失礼します。清掃いたします」と言う
3．ドアを開けっ放しにする
4．清掃中の札をドアの横に立てる
5．ドアの前にマットを敷く
6．トイレの窓を開けっ放しにする
7．トイレのゴミ箱をきれいにする
8．洗面台の鏡をきれいにする
9．洗面台をきれいにする
10．小便器をきれいにする
11．大便器をきれいにする
12．トイレの床をモップがけする
13．トイレのドアの取っ手をきれいにする
14．トイレットペーパーの補充をする
15．洗面台の石鹸の補充をする
16．トイレの窓を閉める
17．ドアの前のマットをしまう
18．清掃中の札をしまう
19．ドアを閉める

まず、困難と想定された職務を課題分析する。4-4-1は、男性トイレの掃除を課題分析したものである。課題分析とは、一連の複雑な行動からなる活動（職務）をより細かな行動単位に分析し、手順を時系列に沿って記載することである。職務分析が大まかな仕事の手順を把握するための作業であるのに対し、課題分析は実際に障害のある人に仕事を教える際の、具体的な援助方法を整理するために行う作業である。また、この課題分析とは、職務以外の職場生活や通勤などいろいろな場面で用いることができるものである。

課題分析は、場合によっては、もっと細かな行動単位に分析する必要がある。4-4-2には、4-4-1の「9. 洗面台をきれいにする」をさらに詳細に課題分析したものである。

4-4-2　洗面台をきれいにする課題分析

1. 用具を洗面台の横に置く
2. スポンジをぬらす
3. 洗剤を洗面台の中に振りかける
4. スポンジで洗面台の中を泡立てながら洗う
5. スポンジで洗面台の外枠を洗う
6. スポンジで洗剤入れ容器を洗う
7. スポンジで蛇口を洗う
8. スポンジを洗って戻す
9. ぞうきんをぬらす
10. ぞうきんで洗剤入れの容器の洗剤を落とす
11. ぞうきんで蛇口の洗剤を落とす
12. ぞうきんで洗面台の外枠の洗剤を落とす
13. ぞうきんで洗面台の中の洗剤を落とす
14. ぞうきんを洗って戻す
15. ドライのぞうきんで洗剤入れの容器の水気をとる
16. ドライのぞうきんで蛇口の水気をとる
17. ドライのぞうきんで洗面台の外枠の水気をとる
18. ドライのぞうきんで洗面台の中の水気をとる
19. ドライのぞうきんで洗面台の周囲の水気をとる
20. ドライのぞうきんを戻す
21. 洗剤の残しがないかどうかチェックする（必要ならふき取り）
22. 用具を残さず次の仕事に移る

4-4-3は、「OA機器サービスパーツ部品の梱包作業」を課題分析したものである。このように、大まかな工程と細かな工程を1枚にまとめて記載する場合もある。

4-4-3　OA機器サービスパーツ部品の梱包作業を課題分析

大まかな工程	細かな工程
1．作業指示カードをとる 2．カードの番号にあった袋をとる 3．カードの番号にあったラベルシートをとる 4．袋にラベルシートを貼り付ける	1) ラベルシートを1枚とる 2) 袋を1枚とる 3) シートをはがし袋に貼る 4) 袋を作業台に重ねて置く 5) シートがなくなるまで繰り返し
5．カードの番号にあったパーツ箱をとる 6．カードの番号にあった製品箱(空き箱)をとる 7．袋にパーツを梱包する	1) 袋を1枚とる 2) パーツを1つとる 3) 袋にパーツを入れる 4) 袋の口を3つ折りにする 5) 折った中央をホッチキス止め 6) 袋を空き箱に並べて入れる 7) 袋がなくなるまで繰り返し
8．製品箱の重量を測る 9．重量と氏名を作業指示カードに書きこむ 10．作業指示カードを製品箱の上に置く 11．製品箱を元の棚に戻す	

2．課題分析作成の留意点

　課題分析は、あくまでも具体的な援助方法を整理するために用いるものである。どの程度詳細に課題分析するかは、職務の複雑さの程度や障害のある人の学習能力のレベルに応じて決まってくる。大切なことは、どのような職務をどのような詳細

さのレベルであっても、ジョブコーチは短時間で課題分析を行える能力をもつ必要がある。以下は、課題分析作成のガイドラインである。

> - それぞれのステップは行動として観察可能なことばで記入する。
> - 1つのステップにつき1つの行動を適切な詳しさで記入する。
> - ステップの最初から終わりまで時系列にそって並べる。
> - ステップの記述は、訓練場面での声かけで使えるように口語体にする。
> - 課題分析の中に自然な手がかりや代償手段の利用を含めておく。
> - 仕事の効率を考えて作る。動作が最小限ですむよう両手使用を前提にして書く。
> - 障害のある人が判断により行動を変えるような要素は可能な限り省き、パターン化する。

現在、多くの職場では、業種を問わず、各職務の詳細な工程分析がすでに行われている。これは、非常に厳密なもので、100分の1秒レベルの標準時間が記載されているものから、使用する工具・用具の特定、さらには不良・ミスを防止するための特記事項が補足されているものまで存在する。ただしこの工程分析は、職務の効率化・合理化を目的としたものであったり、業務単価を決定する資料であったりで、社員の研修・訓練のみを目的に作成されたものではない。ジョブコーチは、これをやさしい表現の単純な課題分析に作りかえることで、障害のある人の指導・援助に利用することが可能である。

3．手助けを階層分けする

職場でジョブコーチが指導する際、もっとも基本的なスタンスが「最小限の手助けのみを提供する」ことである。最小限の手助けとは、一人ひとり異なるものであり、

第4章 職場における援助

時間の経過によっても変化する。ジョブコーチは、まず、この最小限の手助けを見つけなくてはならない。

ここでは、手助けする方法を4つに分類する。ジョブコーチが、障害のある人に対して提供する手助けは、必ずこの4つのタイプのどれかにに振り分けられる。

---

①言語指示 ── もっとも介入度が低い手助けが、この言語指示である。これは、間接的な言語指示と直接的な言語指示に分けることができる。例えば、「シートをはがして」「窓を開けて」など具体的な行動をはっきりと伝える場合が直接的な言語指示であり、「次は？」「早く」などが間接的な言語指示に相当する。このマニュアルでは、どちらも言語指示で統一する。
　　　　　　　　　　　　　　　　　　　　　　　　　　　　　　（記号V）

②ジェスチャー ── 言語指示の次に介入度が高い手助けが、ジェスチャーである。一般には、次にやるべき行動の手がかりを指さす場合が多い。時には、物をトントンと軽く叩いたり、具体的な行動を言語指示しながら象徴的な動作（例：窓をふく動作）を示す場合がこれに相当する。
　　　　　　　　　　　　　　　　　　　　　　　　　　　　　　（記号G）

③見本の提示 ── これはジョブコーチが仕事のやり方を実際にやってみせて、障害のある人に同じようにやるよう促すことである。見本を見せるときには、ジョブコーチは障害のある人の正面に立たずに背後または横に立って行う方が、左右の判断を必要としないため、良いといわれている。
　　　　　　　　　　　　　　　　　　　　　　　　　　　　　　（記号M）

④手を添えての促し ── もっとも介入度が高い手助けが、この手を添えての促しである。ジョブコーチが実際に障害のある人の手をとって課題のやり方を教えたり、用具や部材を一緒に持って教えたりする方法から、肘や腕を軽く触れながら誘導する場合もある。
　　　　　　　　　　　　　　　　　　　　　　　　　　　　　　（記号P）

トイレ清掃で「清掃中の札をドアの横に立てる」行動について、ジョブコーチが具体的に援助する方法を、この4つの階層に分けて例示したものが4-4-4である。手助けの階層分けを用いた指導・訓練を実施した経験の少ないジョブコーチは、4-4-4のように具体的な行動レベルの、操作的な分類基準を事前にたくさん作っておくことを推奨する。そして、課題分析に沿ってこの階層分けによる分類記号を記入することが、最小限の手助けを障害のある人に提供する第一歩になる。

4-4-4　清掃中の札を立てる手助けの階層分け

V：言語指示
（間接的言語指示） 　　「次は何？」 　　「どうするの？」 　　「さあ急いで」 （直接的言語指示） 　　「黄色い札を立てて」 　　「清掃中の札を立てて」
G：ジェスチャー
カートに掛けられた清掃中の札を指さす 　　カートに掛けられた清掃中の札を軽く叩く 　　札を立てる個所を指さす（ここに札を立てなさい）
M：見本の提示
清掃中の札を取り出し所定の場所に立てて元に戻す（こうやりなさい）
P：手を添えての促し
（部分的な促し） 　　カートの札の方へ手をとり軽く誘導する （直接手を添える） 　　手をとって札をとり、所定の場所に一緒に立てに行く 　　札を障害のある人と一緒に持って所定の場所で一緒に立てる

　4-4-5は、男子トイレ清掃に関してジョブコーチが提供した手助けを記録したものである。

4-4-5　男子トイレ清掃におけるジョブコーチの手助け記録

	6/22		6/23		6/24
1．ドアをノックする	V	V	V	V	+
2．「失礼します．清掃いたします」と言う	V	V	+	+	+
3．ドアを開けっぱなしにする	M	V	V	+	+
4．清掃中の札をドアの横に立てる	M	M	+	+	+
5．ドアの前にマットを敷く	M	G	+	+	+
6．トイレの窓を開けっぱなしにする	G	V	+	+	+
7．トイレのゴミ箱をきれいにする	G	V	G	+	+
8．洗面台の鏡をきれいにする	V	V	V	+	+
9．洗面台をきれいにする	P	P	P	P	P
10．小便器をきれいにする	P	P	P	P	M
11．大便器をきれいにする	P	P	M	V	+
12．トイレの床をモップがけする	P	P	P	P	P
13．トイレのドアの取っ手をきれいにする	P	G	+	+	+
14．トイレットペーパーの補充をする	M	+	V	+	+
15．洗面台の石鹸を補充する	M	V	+	+	+
16．トイレの窓を閉める	V	+	+	+	+
17．ドアの前のマットをしまう	M	+	+	+	+
18．清掃中の札をしまう	M	+	+	+	+
19．ドアを閉める	V	+	+	+	+

記号の補足：　　手助けなし（＋）　　　言語指示（V）　　　ジェスチャー（G）
　　　　　　　　見本の提示（M）　　　手を沿えての促し（P）

「最小限の手助けのみを提供する」指導の基本は、この4つの手助けの階層を踏まえて、もっとも介入度の低い手がかり（言語指示）から、最も介入度の高い手がかり（手を添えての促し）までを順次使い分けていくことである。以下には、この指導を行う際の基本的手続きを要約する。

- 移動が課題分析に含まれていなければ障害のある人を持ち場に誘導する。
- すぐに必要な手がかりを提示できるように障害のある人の後ろか横に立つ。
- 仕事を始めるように声をかける。

- 障害のある人が課題分析のステップ1を自分で始めるまで3～5秒待つ。
- もし障害のある人が自分でステップ1をできたらステップ2に進む。
- もし障害のある人が間違えたり、3～5秒内に何もしようとしない場合、課題分析のステップ1について言語指示を出す。
- もし障害のある人がステップ1をできたら、正しいことを伝えステップ2に進む。
- もし障害のある人が間違えたり、また3～5秒内に何もしようとしない場合は、言語指示を繰り返し、同時にやり方の見本（またはジェスチャー）を示す。
- もし障害のある人がステップ1をできたら、正しいことを伝えステップ2に進む。
- もし障害のある人が間違えたり、また3～5秒内に何もしようとしない場合は、言語指示を繰り返し同時に直接手を添えて（または部分的に手を添えて）課題のやり方を誘導する。
- 正しいことを伝えてステップ2に進む。
- 仕事が終わるまで課題分析の各ステップについて上記の手続きを繰り返す。
- もし障害のある人が間違えた行動をしそうになったら常に制止して、次のレベルの手がかりを提示する。

4．手助けの減らし方

　1人でこなせる業務の割合が増えるほど、生産性や精度が高まることになる。ジョブコーチは、当初必要とする手助けの量を把握したなら、可能な限り短時間にその手助けを減らす責任がある。もちろん、急激に手助けをなくすことが、有効な方法では決してない。障害のある人が職務を実際に実行する様子にあわせて段階的に変化させるべきものである。以下には、この段階的変化のノウハウを3つ紹介する。

第4章 職場における援助

【ノウハウ1：手助けの種類を変える】

　先に紹介した最小限の手助けを提供する基本手続きと、その記録方法だけでも、手助けを次第に減らしていくに十分なものである。しかし、短所も存在する。それは、1つの職務の指導に多大な時間が費やされる点である。基本は、あくまでも課題分析の各ステップごとに「手助けなし」から、もし1人でできなければ最初のレベルの手助けを、さらに1人でできなければ次のレベルの手助けを、といったように順じ手助けの介入度をあげて行く方法である。さらに、できるかどうかは、各手助けのレベルで3〜5秒程度の時間をかけて判断する。

　多大な時間を指導に費やすことで、①各ステップ間である程度の時間間隔が存在することで障害のある人が一連の流れを逆に覚えにくくなる、②ジョブコーチとの対人的なやり取りが多くなることで、仕事全体に対する本人のモチベーションが下がる、③仕事としてこなさなければならない1日のノルマがなかなか達成できない、といった問題が出てくる。そこで、この基本型をベースに、もう少し指導の時間を短時間にする方法を紹介する。

◆前回より1つだけ介入度の低いレベルから

　毎回、すべてのステップを「手助けなし」→「その後3〜5秒待つ」からスタートするのではなく、直前の指導で手助けしたものより一段階だけ介入度が低い手助けからスタートすれば、かなりの時間短縮が見込める。例えば、前回「P：手を添えての促し」を行ったステップについては、最初から「M：見本の提示」からスタートするのである。この方法は非常に有効であるが、前回の手助けのレベルをジョブコーチが確実に記憶しておかなくてはならず、継続的な記録をとり続けることが前提となる。

◆指導のターゲットを少なくする

　この方法は、職務の多くの行動でジョブコーチからの手助けを必要とする場合に

有効なものである。介入度の高い手助けが多くのステップで必要な人の場合は、当然その指導の時間が非常に増えてくる。そこで最初から、指導のターゲット、つまりより介入度の低い手助けへと変えていくステップを限定してしまい、その他のステップは現状必要としている手助けを無条件で提供する方法である。例えば、課題分析で10のステップに分析された職務のうち、すべてのステップで「P：手を添えての促し」が必要な人がいる。この場合、訓練に際し最初の1ステップだけ「手助けなし」→「その後3〜5秒待つ」といった手順を行い、残りの9ステップは手を添えての促しを継続する。

【ノウハウ2：手助けのタイミングを遅らせる】

　十分な訓練を受けていないジョブコーチは、いつまでたっても手助けを減らせないでいる。その原因の一つに、すぐに手助けをしてしまうからである。一見、親身でなおかつ熱心に指導しているように思える即時の手助けは、障害のある人が求められる行動（作業行程）を1人で実行する機会をなくしている。

　手助けのタイミングを遅らせる方法がもっとも有効なのは、もっとも介入度の少ない「言語指示」から「手助けなし」にもっていく段階である。例えば、「トイレのドアを開けっ放しにした」後で「ゴミ箱をきれいにする」ステップに移る際、必ず「言語指示」を必要としていた障害のある人の場合、①最初の5日間は言語指示まで3秒間待つ、②次の5日間は5秒間待つ、③次の5日間は10秒間待つといったように、次第に手助けのタイミングを遅らせていく。理論的には、タイミングを遅らせれば遅らせるほど、障害のある人は1人で次のステップに移る機会が多くなる。ただし、どの程度の時間までタイミングを遅らせることができるかは職務内容やその工程に関係することから、タイミングを徐々に遅らせる計画は慎重を期さねばならない。

第4章 職場における援助

【ノウハウ3：距離をとる】

　これまで手助けしながら何とかこなしていた職務を、1人でできるようになることは、本人にとってもジョブコーチにとっても、今後の雇用継続へ向けての大きな励みになる。しかし、ジョブコーチが手助けを必要としなくなったからといって、障害のある人がその職務を完全に1人でこなせるようになったわけではない。手助けを減らす最後の段階は、ジョブコーチの存在を、仕事場からなくすことである。そのためには、障害のある人とジョブコーチとの距離という視点が重要である。

　ある程度、1人で職務が遂行できるようになると、ジョブコーチは次第にその場を離れる必要がある。4-4-5のステップ12「トイレの床をモップがけする」より後のすべてのステップは、6月23日の2回目からジョブコーチの手助けを必要としなくなっている。そこで、ジョブコーチは4-4-6の手順に沿って、次第に離れていくこととした。

4-4-6　ジョブコーチが次第に距離をとる方法

段階1：ジョブコーチは障害のある人のすぐ後ろで監視する
段階2：ジョブコーチはトイレのドアの外から障害のある人を監視する
段階3：ジョブコーチはトイレの外で障害のある人の視界から離れた所で監視する
段階4：ジョブコーチは次の職務先（清掃用具置き場）で障害のある人を待つ

5．効果の判定

　最小限の手助けのみを提供する指導は効果的であり、ジョブコーチのトレーニング技法の基本である。しかし、すべての障害のある人、すべての職務に対して即時の効果が表れるわけではない。指導の結果を判定する過程は大切である。

効果の判定は、ほとんどの場合、課題分析に沿ったジョブコーチの手助けの記録を整理し、グラフ化することで可能である。4-4-7は、男子トイレの清掃の効果を判定するためにグラフ化したものである。このグラフでは、ジョブコーチの手助けなし（＋）の行動がいくつあったかを縦軸に、トライアル数を横軸にグラフ化している。このグラフは、右肩上がりの折れ線を示しており、3日間でかなりの効果があると推測される。

4-4-7　男子トイレ清掃の効果判定

	6/22		6/23		6/24
1．ドアをノックする	V	V	V	V	＋
2．「失礼します.清掃いたします」と言う	V	V	＋	＋	＋
3．ドアを開けっぱなしにする	M	V	V	＋	＋
4．清掃中の札をドアの横に立てる	M	M	＋	＋	＋
5．ドアの前にマットを敷く	M	G	＋	＋	＋
6．トレイの窓を開けっぱなしにする	G	V	V	＋	＋
7．トイレのゴミ箱をきれいにする	G	V	G	＋	＋
8．洗面台の鏡をきれいにする	V	V	V	＋	＋
9．洗面台をきれいにする	P	P	P	P	P
10．小便器をきれいにする	P	P	P	M	
11．大便器をきれいにする	P	P	M	V	＋
12．トイレの床をモップがけする	P	P	P	P	P
13．トイレのドアの取っ手をきれいにする	P	G	＋	＋	＋
14．トイレットペーパーの補充をする	M	＋	V	＋	＋
15．洗面台の石鹸を補充する	M	V	＋	＋	＋
16．トイレの窓を閉める	V	V	＋	＋	＋
17．ドアの前のマットをしまう	M		＋	＋	＋
18．清掃中の札をしまう	M	＋	＋	＋	＋
19．ドアを閉める	V	＋	＋	＋	＋

　効果を判定するために、4-4-7のように、すべての練習回数を記録する必要はない。例えば、一定期間をおいて（例：平均5日間に1度）、記録をするだけでも十分に効

果の判定が可能な場合もある。むしろ、ジョブコーチが実践の場で効果の判定をする場合は、毎回の記録をベースとするよりも、一定期間ごとの記録をベースにする方が多い。

6．計画の再調整

効果の判定を基本に、ジョブコーチは速やかに計画の変更を企画する。効果が予定より速いペースであるいは顕著に表れている場合は、ジョブコーチの直接指導の時間や期間を減らす計画を検討すべきであり、逆に予定ほど効果が上がらない場合は、何らかの新しい取り組みを検討すべきである。この新しい取り組みとして、セルフマネジメントとジグの活用方法を以下に紹介する。

【セルフマネジメント】
　これまで説明した「手助けの種類」「手助けを提示するタイミング」そして「ジョブコーチの距離」などは、ジョブコーチ自身の行動を少しずつ変えていくものである。セルフマネジメントとは、手助けを減らすためのジョブコーチの努力を障害のある人本人に受けもってもらう方法である。
　例えば、ある職務の１つずつの行動を連続して実行できない（次に何をすべきかが覚えられない）障害のある人に対して、その課題分析表をチェックシート形式に変更し提示する方法がある。障害のある人は、ひとつの工程が完了する毎に、このチェックシートにマークをつけ、次の工程を実施することになり、記憶の障害を補完できる。4-4-8は、男子トイレ清掃でジョブコーチからの手助けを減らすために、チェックシート形式のフォームを用いた例である。この人は、漢字の読みに障害があるため、チェックシートはすべてひらがな（カタカタ）で、それも短い文章で記述された課題分析を用いている。

4-4-8　チェックシート形式の課題分析

1．ノックする	
2．せいそうします	
3．ドアあける	
4．ふだたてる	
5．マットひく	
6．まどあける	
7．ゴミすてる	
8．かがみ	
9．せんめんだい	
10．しょうべんき	
11．だいべんき	
12．モップ	
13．とって	
14．ペーパー	
15．せっけん	
16．まどしめる	
17．マットしまう	
18．ふだしまう	
19．ドアしめる	

　また、単純な繰り返し作業でなかなかスピードが上がらない障害のある人に対して、ロット単位の完了数を自分で記録する簡単なシートを作り、そのシートに毎日の目標数値を視覚的に提示する方法などもセルフマネジメントである。4-4-9は、OA機器サービスパーツの梱包作業で1ロット（100袋平均）する毎に、1つの○を塗りつぶしていくセルフマネジメントシートである。そして、毎日シートに事前に示されている○の数が、1日の完了ロットの目標値である。

4-4-9　ロット単位で作業完了数を自分で記録する方法

日付：　　　　氏名：
● ● ● ● ○ ○ ○ ○ ○　　目標10ロット

第4章 職場における援助　　　　　　　　　　　107

【ジグの活用方法】
　ジグとは、正確な作業を行うために用いる何らかの機械工具のことである。大企業の製造ラインなどでは、比較的高額の機械設備を導入している場合が多い。付加価値が高く、より精度の高い仕事が求められる職場では、このような機械設備を活用することとなる。しかし、比較的作業単価が低く、特別な設備の購入が困難な場合は、手近で安価な材料を活用してジグを作成することとなる。
　ここでは、実際に使われているジグをいくつか紹介する。4-4-10は、ダイレクトメールのラベルシートを貼るためのジグである。これを使うことにより、ラベルシートの貼る位置と封筒に水平に貼ることが可能になる。

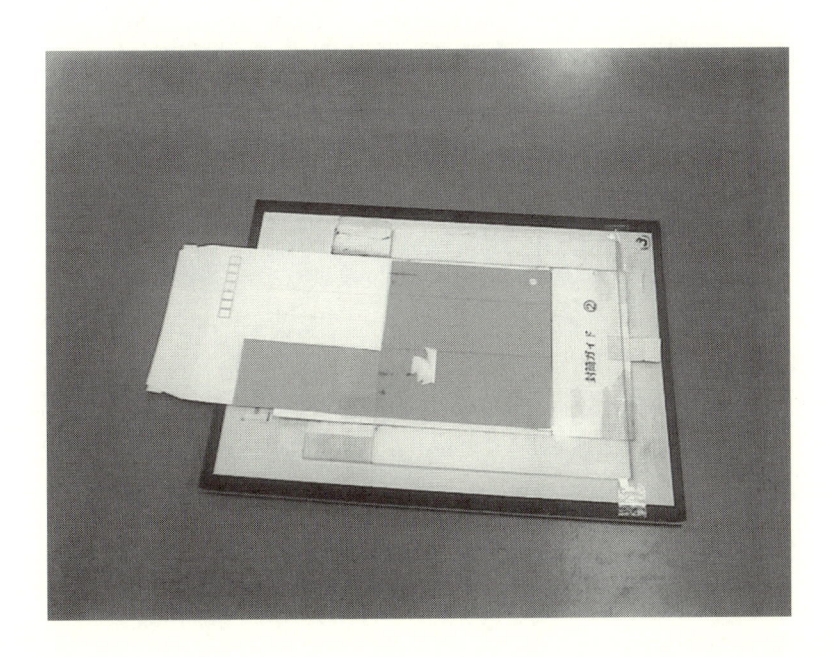

4-4-10　シール貼りガイド

4-4-11は、組み立てたコイルをカウントするためのジグである。これを使えば、数量のカウントが苦手な障害のある人でも、正確に数えることが可能になる。

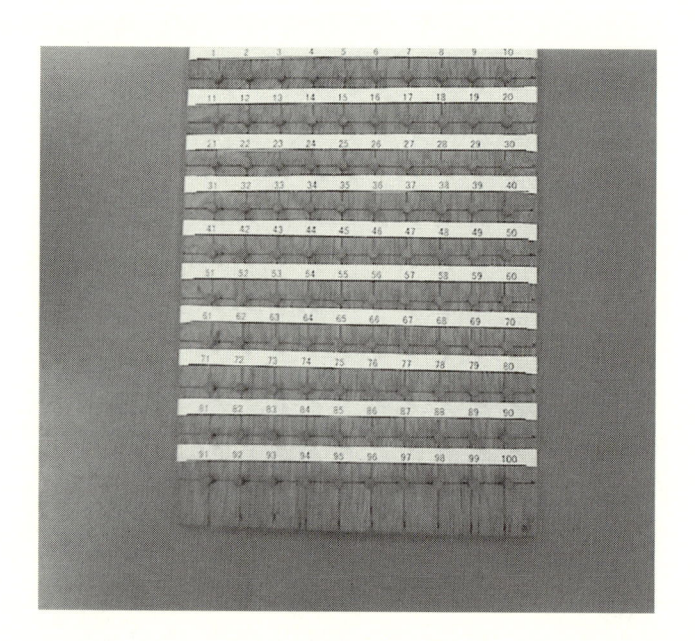

4-4-11　100個カウント用ジグ

正確にはジグの範疇には入らないが、正確な作業を実施してもらうため、標準作業では用いない特別な道具を使うことがある。4-4-12は、洗面台清掃で粉末洗剤を適量使うことができない人に対して、「スプーン大さじ1杯」のルールに変えた例である。

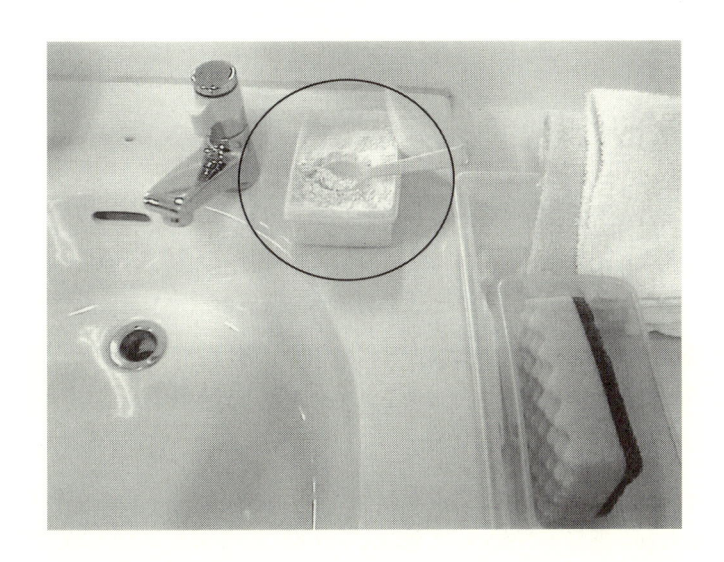

4-4-12 粉末洗剤にスプーンを活用

7．まとめ

　ジョブコーチが障害のある人に直接職務や職場生活に関して指導する際には、可能な限り計画的で効率的な技法が求められる。課題分析を基本とした指導方法は、多くの職場で応用可能なものである。これは、職務を障害のある人にわかりやすい詳細な行動単位のことばに置き換え、そして各行動単位でジョブコーチがどの程度の援助が必要なのかをチェックし、次第にその援助を減らしていく方法である。さらに、セルフマネジメントやジグの活用などにより、障害のある人が早くジョブコーチから離れることが可能となってくる。

　また、課題分析を基本とした指導方法は、①ジョブコーチから職場のパートナーに指導を引き継ぐ、②複数のジョブコーチが分担制で指導を行う際の統一した指導が容易である、などの利点がある。

第5節 働きはじめてからの打ち合せ

1．打ち合せの内容

　障害のある人が実際の職場で働きはじめ、そして職場に現存する資源を調整し、時にはジョブコーチが直接指導するなどを一定期間行ったなら、職場の責任者などと再度ミーティングを実施する。ここで打ち合せる内容は、①事前の打ち合せで決まった指導計画と実施状況の確認、②今後の指導計画の決定である。
　このような職場の責任者や管理者を交えての再度の打ち合わせには、雇用開始前に、あらかじめ日程を決めておくとよい。ジョブコーチは、この打ち合わせで議論すべき内容を事前にまとめておく必要があるだけでなく、ジョブコーチ自身の判断で最良と思われる調整案あるいは次善の案を準備しておかなくてはならない。

2．経過の整理と問題点の確認

1）ポジティブな経過のまとめ

　職場に通う前には心配されていた内容でも、実際にフタをあけてみればまったく問題のない場合も少なくない。また、計画以上のペースで障害のある人が仕事（あるは職場生活や通勤スキル）を学習することもある。このようなポジティブな情報は、もれなく収集し、打ち合せの際に必ず報告する。
　障害のある人の職場訓練は、必ずといってよいほど予定どおりにことが進まない、何らかの問題が生じるものである。だからこそ、ジョブコーチが必要なのである。しかし、問題点ばかりに注目してはいけない。ジョブコーチ、職場の責任者、あるいは同僚が、障害のある人のポジティブな面を共通して理解することが雇用継続の第一歩である。

2) 予定どおりうまくいかないのは？

　逆に、計画どおりに進んでいない事柄も当然分析する必要がある。「仕事が覚えられない」「仕事のスピード・生産性が上がらない」「不良の数が減らない」「上司・同僚の指示が理解できない」「人に作業指示を求められない」「休憩時間がうまくすごせない」など障害のある人の学習に関係すること、「作業指示が本人に伝達できない」「休憩時間のパートナーの確保が難しく、毎日人が変わってしまう」など周囲の援助体制に関係すること、時にはジョブコーチならびにジョブコーチと職場との関係が計画どおりに進まない場合もある。現在、うまくいっていない内容をリストアップし、それぞれ思いつく原因をリストアップする必要がある。

3) それ以外にも心配事は存在する

　障害のある人とはじめていっしょに働く同僚や管理者は、ジョブコーチの想像を超えるさまざまな心配事を抱えているかもしれない。例えば、ある同僚は「重大なミスをおかしたとき、どんな口調で叱っていいのか心配だ」と言い、上司は「職場の仲間になった以上、歓迎会を行いたいが、どうすればいいのだろうか」と心配している。さらに、新しい環境に移ったことをもっとも心配しているのは、一緒に生活している家族である。職場での様子を本人に聞くと「疲れた」とか「今日は、○○さんに注意を受けた」などといった話しばかりだと、目にすることのできない職場のことが気になって仕方がない。どんな些細な情報でも入手した心配事は、大切に扱う必要がある。

3．計画の再調整提案

　問題点とその原因をリストアップしたなら、打ち合わせで提案する調整案を検討する。この打ち合せで再調整が必要となる内容は、一般的には次の5つである。

> ① ジョブコーチが直接指導するスケジュールの変更
> ② 障害のある人が担当する職務の変更
> ③ 現場の指導体制や教育体制の変更
> ④ 職務や職場生活の指導・支援者の変更
> ⑤ 雇用の継続に関する決定

　雇用を継続するかどうかの判断が、この時点で必要となることは少ない。障害のある人の就労に対するモチベーションや仕事の能力の評価や職場の分析をある程度行っていれば、初期に離職の判断することは稀である。しかし、雇用経験や職場実習経験の少ない障害のある人、あるいは対人関係に敏感な障害のある人の場合、登社を拒否するなど雇用の継続が困難になる場合もある（離職への対応については第5章第3節を参照）。

　4-5-1は、テツロウさんのトイレ清掃について、「ジョブコーチが直接指導するスケジュールの変更」「障害のある人が担当する職務の変更」「現場の指導体制や教育体制の変更」について再調整の提案内容である。この再調整に際しても、障害のある人の処遇・賃金に関係することを考慮しなくてはならない。

　今回の調整案は、基本的には障害のある人の職務を減らす提案であり、同時に同僚に負担を強いるものでもある。このような提案は、たとえ管理者に同意を得られたとしても、同僚との関係を損なう危険性を含んでいる。提案前に、職場の同僚の意見を聴取し、受け入れの可能性について検討する必要がある。また、管理者は「この建物を利用する顧客がこの方法に不便を感じるかどうか？」といった視点から提案に抵抗を示すことも考えられる。交渉に際しては、最善策、次善策だけでなく、まだいくつか調整案を検討する必要があるかもしれない。もちろん、働きはじめる前に想定された戦力に到底およばない場合や調整が難しい場合には、比較的短期間の期限つきの提案を行うことが原則である。

4-5-1 調整された日常清掃の職務分析

問題点
テツロウさんは、男女のトイレを30分で終了することはできない。 2週間、ジョブコーチがつき、スピードアップの方法ならびに用具の調整を検討したが、標準作業以上の方法は見つけられなかった。2週間のうち、テツロウさんが一番速く完了した時間は、50分であり、このままトレーニングを継続しても当分30分をクリアすることは難しいと判断する。 また、男子トイレから女子トイレの順で清掃している方法を、男女トイレを一度に清掃する方法をとることで(例：男性トイレの洗面台を清掃した後に女性トイレの洗面台を清掃する) かなりの時間短縮が期待できる(10分程度)。

今回の調整案
3か月程度継続を目標に以下の2つの調整案を作成。なお、新たな変更については、2週間ジョブコーチがつき添い指導することを前提とする。 (最善策) ・各階のトイレ清掃の時間を45分とする（15分延長） ・男子トイレと女子トイレを同時に清掃する手順を採用する ・午前のオプションの仕事は他の職員ができるかどうか検討 (次善策) ・各階のトイレ清掃の時間を45分とする（15分延長） ・トイレ清掃では洗面台と鏡の清掃を省き、午後にその清掃を行う ・午前と午後のオプションの仕事を他の職員ができるかどうか検討

4．まとめ

　ジョブコーチは、障害のある人が働きはじめてから比較的早い時期に、職場の責任者や同僚などと打ち合わせをしなくてはならない。打ち合せでは、障害のある人の職場におけるポジティブな情報交換を行うべきであり、そして問題点については再調整を行うこととなる。

第6節　通勤の訓練

1．通勤の訓練の必要性

　ジョブコーチが行う援助は職場内のことだけとは限らない。特に、障害のある人が居住の場から職場まで移動する、いわゆる通勤の訓練は大変重要である。雇用の可能性のある職場の職務が本人の能力や特性ならびに興味とマッチしていても、そこへコンスタントに通勤できなければ、継続的な雇用は望めない。
　また一般に企業あるいは事業所は、通勤災害など管理上の責任をもつ以上、通勤中の安全面に不安がある障害者を雇用することは難しい。安全に通勤できることが雇用の絶対的な条件であり、「通勤経路の決定」や「その指導」まで雇用してから職場が個別に対応することは稀である。通勤の訓練には、ジョブコーチの責任が大きい。

2．基本的な通勤訓練の流れ

　都市部と農村部では公共交通機関の発達が異なるため、通勤の訓練や援助の方法が違ってくる。ここでは都市部を中心に、もっとも一般的な通勤形態である、公共交通機関の利用を前提とした方法を紹介する。通勤の訓練は、次のような手順で行われる。

　　①事業所までの交通経路の情報収集
　　　・　事業所の住所と所在地の略図の入手
　　　・　自宅からの交通機関の調査と最短経路の確定
　　　・　通勤時間の想定

②障害のある人に交通経路の情報提供
・　自宅からの経路と通勤時間を伝える
③通勤経路の実地確認
・　職場までの通勤経路につき添い交通経路の最終確認

　原則は、詳細な情報収集と障害のある人に合わせた情報提供、そして実際の通勤経路を通りながらの学習を行うことである。

3．通勤訓練の方法

　通勤訓練は、基本的には職場で仕事を教える方法と同様である。

1) 課題分析
　通勤訓練の課題分析とは、大まかなものとして通勤経路分析することである。4-6-1は、障害のある人の自宅から職場までの通勤経路を分析したものである。道順を覚えたり、空間認知に障害がある人については、歩く経路で、明確な目印をこの課題分析に加える場合もある。
　また通勤中で困難と想定される活動をより詳細に課題分析することもある。4-6-2は、定期券を自動券売機で延長購入する際の課題分析である。キャッシュカードを使い銀行口座から必要な額を引き落としている人でも、同じような仕組みの定期券の自動券売機が訓練なしで使いこなせるとは限らない。この課題分析表を用い、実際に障害のある人と一緒に通勤することで、困難としている行動単位が明確になる。

4-6-1 通勤経路の課題分析

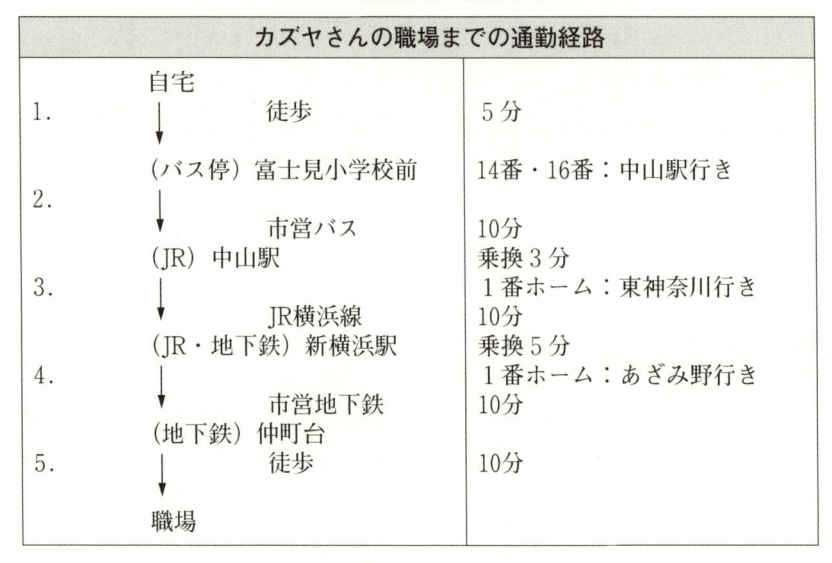

カズヤさんの職場までの通勤経路	
自宅 1.　　　↓　　　徒歩	5分
（バス停）富士見小学校前 2.　　　↓　　　市営バス	14番・16番：中山駅行き 10分
（JR）中山駅 3.　　　↓　　　JR横浜線	乗換3分 1番ホーム：東神奈川行き 10分
（JR・地下鉄）新横浜駅 4.　　　↓　　　市営地下鉄	乗換5分 1番ホーム：あざみ野行き 10分
（地下鉄）仲町台 5.　　　↓　　　徒歩 　　　職場	10分

4-6-2 自動券売機で定期券を延長購入する課題分析

1．（券売機の列に並ぶ）
2．定期券を入れる
3．パネルの「現金」を押す
4．パネルの「1か月」を押す
5．パネルの「確認」を押す
6．コインを入れる
7．お札を入れる
8．定期券を取る
9．お釣りを取る

2）最小限の手助けとフェーディング

困難な行動の指導も、「最小限の手助けのみを提供する」方法を用いる（第4節参照）。

第4章 職場における援助　　　　　　　　　　　117

ただし、職場内の仕事と異なり、通勤は毎日ほぼまったく同じ条件で、同じ行動を要求されるものなので、そのハードルは基本的にはそれほど高いものではない。もし1週間ほど訓練しても、手助けがなくならないあるいは減らないなら、訓練ではなく継続的な通勤支援者・ボランティアの活用など、訓練計画そのものの変更を検討すべきである。

3．通勤訓練の留意点

　通勤訓練は雇用を継続しようとする障害のある人にとって、一般にはそれほど困難なものではない。しかし、このプログラムを計画する際、留意すべき点はいくつか存在する。

1）実際の時刻を調べる
　交通経路とだいたいの所要時間を調べるのは比較的簡単である。しかし、出勤時間に間に合うために、「毎朝、何時に家を出て」「何時の電車(バス)に乗って」といった、具体的な情報を調べるには、少々骨が折れる。また、場合によっては、天候、休日ダイヤなど、条件によって通勤時間が異なるので、通勤訓練を行う前に必ず実際の時刻やその他の条件を調べておくべきである。訓練も、この実際の時間をベースに実施しなくてはならない。

2）障害のある人にあった通勤時間や方法の確定
　朝晩の通勤時間は、交通機関がもっとも混雑する時間帯である。障害のある人によっては、電車やバスあるいは駅の混雑時間を避けて通勤した方が賢明な場合が多い。通勤経路についても同様で、時間より混雑を避けることを優先して選択する場合もある。
　また、障害のある人にとっては、職場に着いてから始業時間まで、相当長い準備

時間を必要とする人がいる（30分以上必要な人は意外と多い）。ジョブコーチは、準備時間がどれだけ必要であるかを想定して、自宅を出る時間を決定する必要がある。

3）想定されるトラブルと対策の準備

　どんなに安全性の高い通勤時間や経路を選択しても、通勤中のトラブルは必ず起こるものである。天候状況や車両故障あるいは交通事故などにより、予定した電車やバスが運休したり遅れることは、1年のうちに必ず何度かある。また、定期券や財布を紛失したり、帰宅中の寄り道が原因のトラブルも考えられる。

　このように頻度は低いが必ず起こりうるトラブルを、ジョブコーチは事前に想定しておき、その対処法を決定しておかなくてはならない。通勤中のトラブルは、その人の障害を理解している人がいない環境で起きる。そこで、対処法は「障害のある人に何を教えるか」と「誰が情報をどのように整理するか」の2つに分けられる。

a）障害のある人に何を教えるか

　基本的には、いつ、どこで、どんなことが起きたら、誰に、どのような方法で連絡して指示を受けるか決定し、練習することになる。例えば、「電車の中で定期券をなくしたときは、自宅に公衆電話を使い連絡し指示を求める」とか「駅で電車の遅れがわかったとき、PHSを使って、職場の〇〇さんに電車が遅れていると伝える」などである。このような指導は、通勤に限らず1人で外出している際にも予測される事柄であるが、多くの障害のある人はこのようなスキルをもっていない。また、最近普及している携帯電話やPHSは、通勤時のトラブル対処に欠かせない有効な道具である。

b）誰が情報をどのように整理するか

　これは、本人からトラブルの電話を受けた人（例：職場の上司、家族、ジョブコーチ）が次にどのように対処するか、あるいは通勤時間が普段のスケジュールと大き

く異なっている場合（例：帰宅時間より２時間遅れても戻ってきていない）にどう対処するかを、関係者が事前に情報交換しておく必要がある。しかし、ジョブコーチが企画しなければ、このような情報交換は行われない場合が多い。

4．トラブル事例

通勤に関しては、さまざまなトラブルが想定される。以下には、実際に起った事例を２つ紹介する。

１）働き場所が毎日変わる職場に勤める

シンゴさんは、ジョブコーチの支援により清掃業者に転職した。彼の主な業務は、ビルの定期清掃、特に床のワックスがけ作業が多かった。この業務は、特定のビルが働き場所ではなく、この事業所が契約している10軒以上のビルを転々とするものであった。さらに、スポットでこれ以外のビルに応援に行くこともあった。つまり、ほぼ毎日のように職場が変わるのである。

ジョブコーチは、毎日の通い先の変化に対応するために、①障害のある人が必ず持ち歩くクリップボードを用意し、②そのボードに明日の現場の交通経路と自宅を出る時間を書き込むフォームを作り、２週間訓練を行った。本人がこの方法で毎日通えることがわかった時点で、現場のグループリーダーに、「シンゴさんには必ずこの方法で勤務先を毎日伝えてほしい」と要望し、了解を得た。ところが、半年後グループリーダーは「もう慣れただろう」という理由で、この勤務先伝達方法を止めてしまった。シンゴさんは、その後遅刻が多くなり、仕事に対する自信を失い離職することとなった。

勤務先の変る仕事では、通勤先の伝達方法ならびにその訓練だけではなく、安定して雇用が継続している間も、職場と頻繁な情報交換を行う必要がある。

2）ごく稀に起こる些細な事故に対応する

　ハジメさんは自閉症であり、決まった人以外とことばでコミュニケーションをとることを苦手としている。先月、ある事件が起きた。それは、夜7時を過ぎても帰宅しなかったのである。家族と職場で、通勤経路を捜索したところ、最寄の駅の改札口に立っていた。どうやら、電車に乗る際、自動改札で定期券を取り忘れ、改札を出られないでいたようだ。何と2時間以上、その場で何もせず立っていたらしい。この事件の後、「もし駅から出られなくなったら駅員さんに助けを求めなさい」と家族は注意をしたが、このような稀にしか起きないトラブルにハジメさんが対応できるとは思えない。結局、ハジメさんはPHSを常に持ち歩いてもらい、その使い方（受信と自宅への発信）を指導することと、PHSを使った居場所確認システムを家族が活用することとした。

5．まとめ

　職場の中での訓練同様、ジョブコーチは通勤についての情報収集ならびに必要な訓練を行わなくてはならない。通勤訓練とは、雇用を目指す障害のある人にとって、決して難しいものではない。ただし、ごく稀に起こりうるさまざまなトラブルを想定し、それを予防する対応も検討する必要がある。

【コラム：社員寮等の利用に関して】

　職場に接近した居住環境として、社員寮などを活用する場合がある。特に、公共交通機関の発展していない地域では、この方法を検討する場合が多い。通勤の問題が少なく、さらに生活費のある部分を会社が負担することになるため、経済的には非常に有利なこの仕組みにも短所は存在する。それは、生活支援と離職時の対応である。「社員寮では、障害のある人に必要な支援が提供できるのだろうか？」「もし、何らかの理由で離職を検討したとき、住む場所も新たに探さなくてはならないのは負担にならないか？」など、ジョブコーチは、この決定を下す前に生活支援の担当者（家族やソーシャル・ケースワーカーなど）と情報交換すべきである。

第5章 フォローアップと権利擁護

第1節 フォローアップの概要

1．初期の援助から長期的フォローへ向けて

　ジョブコーチは、障害のある人のアセスメント、職場のマーケティング、障害のある人のニーズに合った職場・職務のマッチング、採用へ向けての準備、職務分析、ナチュラルサポートの調査と調整、初期のトレーニング、継続的な調整のためのミーティング開催など、まさに多種多様な支援を展開する。

　また、ジョブコーチは、1人あるいは少数の障害のある人だけを支援すればよいわけではない。ジョブコーチが所属している組織における役割、そしてそれ以上に地域における役割を求められる。ジョブコーチには、1人でも多くの障害者の雇用を実現させ、潜在的に雇用を希望している障害者を開拓する使命もある。5-1-1は、知的障害者の就労支援を中心業務とした職場で、常勤のジョブコーチ3名とパートタイマー2名（合計週20時間程度）が1年間に関わっている障害者数と企業数である。1人の障害者に対する手厚い継続的な援助は、職場に現存するナチュラルサポートの調整・活用ができなくなるだけでなく、地域で雇用を希望する多くの障害者のニーズに応えられなくなることを忘れてはいけない。

5-1-1 就労支援機関が関わる障害者数と企業数（平成11年4月時点）

就労フォロー者数	76人
フォロー企業数*	43社
企業実習者数	8人
実習企業数	4社
作業室利用（準備訓練・評価）	11人
就労希望登録者数	46人
1年あたりの新規相談者数**	67人

その他、事業所開拓のための訪問も多数あり
* 1年間にフォローのために訪問した事業所数
** 平成10年度に新規に相談を受けた人数

1）ジョブコーチが会社に出向く頻度の推移

　ジョブコーチは、障害のある人が職場に通いはじめた初期段階において、比較的頻繁に会社に足を運び、職場との調整を行ったり直接指導を行う。この職場に出向く頻度は、時間の経過とともに計画的に減らしていくのが基本である。5-1-2は、米国の援助付き雇用の事例として発表されているジョブコーチの介入時間（障害のある人に直接指導する時間）の推移である。この図では、就職してから1週間は平均30.4時間を費やすが、4週間後には半分以下の週11.8時間、そして12週間が過ぎると週2.8時間程度に落ち着きいていることがうかがわれる。つまり、安定したフォローの状態に入ったということができる。

第5章 フォローアップと権利擁護

5-1-2 米国の援助付き雇用における介入時間の推移

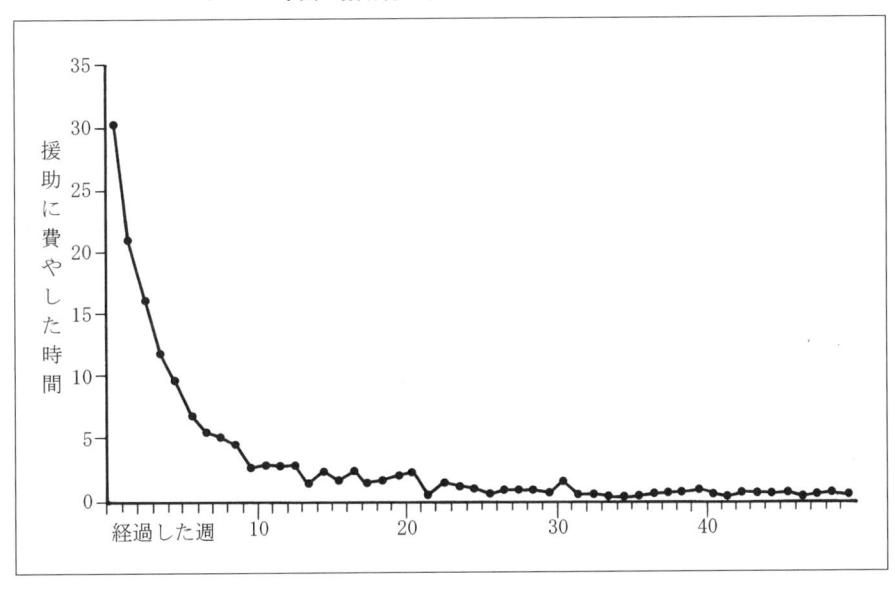

第4章で紹介したように、ジョブコーチが職場で行う業務は、障害のある人に直接指導するだけではない。5-1-3には、比較的規模の大きな事業所に新規に知的障害者を10名雇用する部門が創設された際、ジョブコーチがどれくらいの時間の割合をその支援にさいたかをグラフ化したものである。

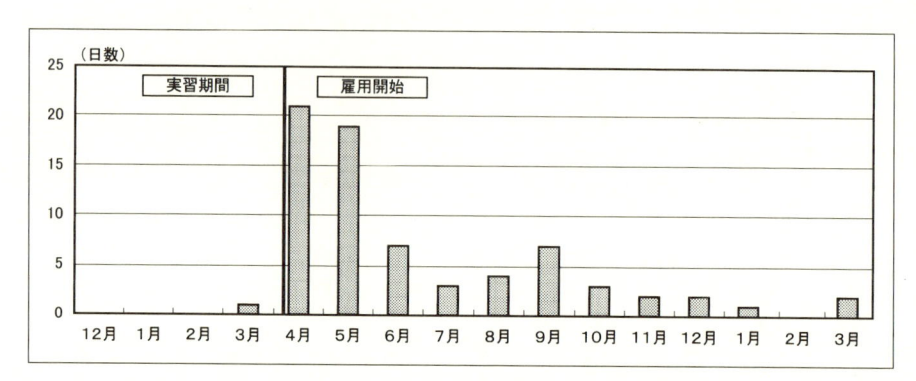

5-1-3 障害者10名の職場の設立支援に要したジョブコーチの労力

　5-1-3を見る限りでは、ジョブコーチがひとつの職場に拘束される時間数はかなり高いが、これまで知的障害者雇用の経験の浅い企業に一度に10名雇用されていることから、効率のよい支援体制だと考えられる。

　一方、比較的多数の障害者を継続的に雇用しており、その雇用管理上のノウハウをもっている職場におけるフォローは、非常に低頻度で十分である。5-1-4は、すでに10数名の知的障害者を雇用している事業所で、新規に採用された1人にジョブコーチが関わった時間の推移である。このような職場では、障害のある人に直接指導する必要は非常に少なく、職務の決定やナチュラルサポートの調整などの支援も必要としない場合がある。

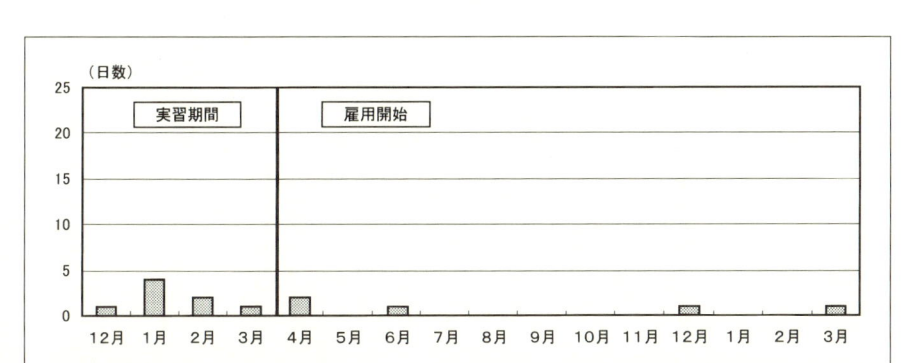

5-1-4 障害者雇用に積極的な職場でのジョブコーチの労力

3）安定したフォローの頻度

　5-1-2から5-1-4のグラフで共通していることは、①ジョブコーチは雇用前後の段階でもっとも頻繁に職場に出向いている、②時間の経過にともないその頻度は減り、比較的安定した頻度のフォローアップ期間がある、③しかし決してフォローの頻度がゼロになることはない、の3点である。特に最後の、ジョブコーチのフォローは離職・定年まで継続することを忘れてはいけない。

　安定したフォロー期間の頻度は、事前の打ち合わせ等でナチュラルサポートをいかに活用できたかにかかっている（第4章参照）。障害の程度や職場環境ではなく、原則はあくまでも「雇用前後にジョブコーチがどのような仕事をしたか」によりフォローの頻度が決まることを忘れてはいけない。緻密で職場や障害のある人にマッチした援助計画を立て、実際にその運用をサポートしたジョブコーチの場合は、比較的低頻度のフォローで十分であるが、その逆の場合はなかなかジョブコーチが職場から抜けることができない。

　もし、何か月もの間、ほぼ毎日、それもかなりの時間をジョブコーチがつき、職場で障害のある人に指導し続けなくてはならないなら、以下の項目を検討すべきである。

> ① 障害のある人や家族などから雇用を継続するニーズの強さを確認する
> ② 本人の給与と労働力が適切にマッチングしているか確認する
> ③ 職場や雇用形態そして職務について再検討を行う
> ④ 職場内で障害のある人に指導してくれる人材の有無を再検討する
> ⑤ 常勤雇用のジョブコーチからパートタイムのジョブコーチないしボランティア等へ移行する方法を検討する
> ⑥ 必要なら、より自立的に働ける職場や職務を探す

　ジョブコーチは、障害のある人が労働力として不足している部分を指導や何らかの援助手段を構じて穴埋めしていくものである。しかし、半永久的にジョブコーチがつきっきりでないと仕事がこなせないような状況は、職場にとっても障害のある人にとっても決してよいものではない。特に、社会的なインテグレーションといった視点からは（職場の同僚との仲間意識、社会的なコミュニケーションや親睦の機会など）マイナス面が多い。また、現行の雇用の慣行からはかけ離れたものに見えるため、全体としての障害者雇用の促進にも効果を発揮しない。安定したフォロー期間へ移行するための留意点については第2節でさらに補足する。

2．ジョブコーチの力量が問われる

　ジョブコーチの能力は、フォロー期間に試される。なぜなら、雇用された当初と異なり、障害のある人や職場と頻繁に接する機会が減るため、1）有益な情報をタイムリーかつ効率的に収集し、2）さまざまな変化に対応した問題解決方法を提案しなくてはならないからである。

1）　情報のタイムリーかつ効率的な収集

　障害のある人の雇用継続に関係するさまざまな人から情報を収集するためには、

雇用の準備や当初の指導の段階から、「ジョブコーチは継続的なフォローを業務とする」、「心配なことが起きたらいつでも連絡がほしい」ことを関係者に明確に表明しておかなくてはならない。また、継続的な情報収集のために、ジョブコーチは以下の内容について検討しておく必要がある。

> 1．職場に定期的に訪問する頻度の決定
> 2．障害のある人や家族に定期的に連絡する頻度と方法の決定
> 3．定期的な手紙（年賀・暑中見舞）や情報紙の発送
> 4．障害のある人や家族の懇親会の開催
> 5．企業向けの雇用管理に関するセミナー等の開催

2） 変化に対応した問題解決

　フォローアップの仕事は長期戦である。年月の経過とともに、就労した当初とは異なるさまざまな変化が生じるものである。なかには、1年あるいは数年以内の比較的予測の容易な変化も存在する。しかし予測できない偶発的な変化や、長い時間をかけて少しずつ変化するものもたくさんある。ジョブコーチは、このようなさまざまな変化に対応した問題解決方法を、本人や家族、そして職場に提案することが求められる。第3節ではこの変化への対応についてまとめる。

3．まとめ

　障害のある人が就労した当初、ジョブコーチは直接指導を行ったり、周囲との調整を頻繁に行う。その後、この頻度は少なくなり、次第に安定した援助の期間に入る。これをここでは安定したフォローの期間と呼ぶ。安定したフォロー期間中にジョブコーチが職場に出かけ援助する頻度は、ナチュラルサポートをどれだけ活用できるかにかかっている。また、ジョブコーチの地域における役割やコスト意識といっ

た社会的な視点も忘れてはいけない。フォローアップとは、非常に長期にわたる援助であり、ジョブコーチの力量が試されることにもなる。

第2節 安定したフォローへの移行

1．安定したフォローへ移行するには

　ジョブコーチが、当初頻繁に職場へ出かけ、障害のある人に計画的な指導や援助を行えば、後は自然に安定したフォローに落ち着くわけではない。安定したフォローへ移行するためにも、計画的かつ積極的な働きかけが必要である。以下には、安定したフォローへうまく移行できなかった事例を2つあげ、その問題点を整理する。

【事例1】
　知的障害をもつサエコは、自宅から徒歩で20分の所にあるスーパーマーケットで働きはじめた。職務は、商品の再梱包、値札つけ、商品の陳列、バックヤードの片付け・清掃である。1日4時間、週5日間の勤務形態であるが、雇用されて2か月が経過しても、ほぼすべての時間にジョブコーチが張りついている。
　ジョブコーチを派遣している○△就労支援センターは、このケースが援助付き雇用の最初のモデルケースであり、職場と何度も打ち合せをもちながら、職場にも本人にも負担のかからない援助を展開してきた。当初の計画では、1か月後にはジョブコーチの訪問や指導は勤務時間の50％、2か月後には20％程度に減らしていく予定であった。しかし、この提案は事前に店長に口頭で話した程度で、具体的なスケジュールは雇用が決まってから打ち合せる予定であった。雇用が決まり、実際にジョブコーチが職場で指導を開始すると、「時間をさいて親身な指導はできない」とい

う同僚(パート雇用の職員たち)の意見を理由に、店長はジョブコーチが抜けることに快諾しなかった。結果的に今も、仕事や職場生活の指導すべてをジョブコーチが受けもっている。最近では、障害のある人と同僚とのかかわりもパターン化したものだけとなっている。

【事例2】
　ナオコもまたスーパーマーケットで、品出し業務中心の仕事に就いた。このジョブコーチは、就労支援の経験が比較的豊富であり、店舗のマネージャーと事前の打ち合せで、どのくらいの量の支援を行うのか明確に提案していた。職務そのものへの直接指導は、すべて職場の同僚に依頼した。そして通勤や職場生活で出会うと想定される問題解決について直接指導すること、職務を指導する同僚の相談を受け、ナオコの特性についてわかりやすく説明することが、ジョブコーチの主な業務であった。
　ナオコは、商品、特に形態が微妙に異なる野菜類のラッピングを覚えるのに時間がかかった。しかし、同僚の親身な指導のもと、1か月後にはほとんど手伝うことなく、割りあてられたラッピングが可能になった。この仕事が覚えられたことで、本人と同僚は大きな自信をつかんでいた。ジョブコーチもまた、定着の手応えを感じ、計画どおり安定したフォローに移行していった。ところが、3か月後、ナオコから「同僚に叱られてばかりで、やめたい」と相談を受け、ジョブコーチが職場に何度か出向き調整を行ったが、離職が決定する。どうやら、季節ものの野菜が変わり、ラッピングができなくなってしまったのがきっかけであったらしい。

　2つの事例の問題点を整理すると次のようになる。

1) どのような雇用形態を求めているのか
　問題点のひとつは、職場とジョブコーチ(あるいはジョブコーチが所属する組織)、

そして障害のある人（あるいは保護者）との間で、どのような雇用形態を目標としているかが調整できないままに、雇用が成立したことである。これは、援助付き雇用の経験が浅く、実績が少ない職場で起きやすい。

サエコの事例はそのひとつの典型である。サエコは、最終的にどれくらいの就業時間で、職務は何で、その労働力に応じた賃金はどれくらいであるかが、事前に十分話し合われていないため、誰もサエコの理想的な雇用の姿をイメージできていない。もちろん、最終的に職場の責任は何で、どのような雇用管理が必要とされるのか、ジョブコーチの責任は何で、安定したフォローの期間に何をどれくらい行えばよいのかが共通理解されていない。

2）情報収集のミス

もうひとつの問題は、情報収集の不備が原因で起こるものである。職務の分析、障害特性や障害のある人のニーズなど、雇用を継続するために必要な情報が不足してしまうことがある。

ナオコの事例では、2つの情報が足りなかったため、仕事を直接指導する同僚にジョブコーチが適切な情報を提供できなかった。ひとつは、職務分析、特にラッピングする野菜が季節により変動することを予測できなかったことである。もうひとつは、ナオコの学習の特徴である。ナオコは、課題分析上は同じ職務であっても、ラッピングする野菜が異なるとどうしていいかわからなくなってしまっていた。これを彼女の特性と理解し、いったん1人でできるようになった仕事であっても、素材が異なる場合は、もう一度最初から彼女に指導をする必要があった。

3）その他

さらに詳細に分析すると、問題がいくつも発見されることがある。例えば、障害のある人の直接指導に熱心なジョブコーチに特に起こりやすい問題として、職場の責任者や担当者と定期的な打ち合わせ（安定したフォローへ向けてのスケジュール

などを議題とした）の機会が少ない場合がある。また、訓練手続きやジグなどの活用方法の選択に際し、職場独特の社風を考慮しないがために、周囲の同僚が障害のある人にますます関わりがもてなくなる場合もある。ジョブコーチが、職場の組織や管理体制についての不十分な知識しかもち合わせないため、障害のある人に関する苦情処理の提出先を間違えることもある。職場に対して、障害者雇用についての継続的な啓蒙活動の不備もある。障害のある人や保護者に対して、雇用継続のモチベーションを随時確認したりなどの問題もある。

以上の問題点の大部分は、理屈上は雇用前に計画・準備できるものである。しかし、援助付き雇用の実践では、職場で働き始めてからこのような問題点が浮かび上がってくることが多い。ジョブコーチには、その時、最良の方針が決定できるための問題解決能力が求められる。

2．雇用後の再提案

ジョブコーチは自分の仕事を評価する際、障害のある人が職場で働き始め、「定着している」ことだけで満足してはいけない。当初計画した、安定したフォロー期間への移行がスムーズに進んでいるかどうかも、重要な評価基準である。もし、安定したフォローへ移行できていないなら、以下の手順を踏む。

1）問題の確認とその原因の分析

安定したフォローの期間に移行できない障壁は何であり、その原因は何であるかを分析する。どんな障壁であっても、分析・議論をしていくうちに、「障害のある人・保護者」「職場」「ジョブコーチ」そして「ジョブコーチが所属する組織」のいずれにも必ず原因が存在することを忘れてはいけない。

2）新しい提案と意見の聴取

　分析された原因に対して、新たな計画を立案し、関係者に提案する。もちろん、この提案が何の抵抗もなく、すんなりと受け入れられる場合は少ない。さまざまな異論や対案についても検討すべきである。

3）調整と方針の再決定

　ひととおり、新たな計画に対する意見を聴取したなら、再度計画を練り直し、最終案を作り上げる。調整案の作成が困難な場合は、関係者が一同に会する打ち合せの場を設け、そこで判断することになる。

4）新たな計画と実行

　方針が決定され関係者の同意が得られれば、書面にした新たな計画書に基づき、実行へと移す。新たな計画を実行しても、また安定したフォローに移行できないときは、再度原因の分析から繰り返す。

3．まとめ

　ジョブコーチは、障害のある人が職場で定着している現状だけで満足してはいけない。安定したフォローに移行するためには、計画的かつ積極的な働きかけが必要である。

第3節　変化を継続的に把握する

1．安定したフォロー期間の課題

　障害のある人が職場で働き続けるとさまざまな変化が生じる。この変化には、ある日突然大きく変化するものと、時間をかけて少しずつ変わっていくものがある。安定したフォローの期間にジョブコーチが行わなくてはならないもっとも重要な仕事が、この変化に対応した問題解決を提案することである。
　以下には変化の代表的なものを説明する。ジョブコーチは、これ以外にもたくさんの変化があることを覚えておかなくてはならない。そして、あらゆる変化に対して常に効率的な情報収集を心がける必要がある。

1）本人が変わる
　時間の経過とともに、障害のある人本人はさまざまな変化をしていく。そのなかでも、雇用の継続に大きく関係する問題を、次にまとめる。

①仕事の熟達と飽和
　多くの障害のある人は毎日仕事をこなしながら、手順や生産性そして精度などについて熟達していく。この熟達は、決して単純に、直線的に上昇するものではない。数か月間も熟達が見られなかった人が、急に生産性が上がったり、逆に、順調に精度が上がっていた人が、急に頭打ちになったりする場合が多くみられる。逆に、仕事に対する「飽き」も必ずいつかはやってくる。

②職場生活の適応と新たな問題の発生
　仕事と同様、職場生活の過し方についても、時間をかけながら着実に

熟達していく。この熟達にあわせて、周囲の特別な援助も減っていくのが大部分である。しかし、職場のルールや社風の学習が進むことで、新たな問題が生じることもある。

③労働に対するモチベーションの上昇と低下

多くの障害のある人は仕事に熟達し職場のルールや社風に慣れると、働いていることに自信をもち、労働に対するモチベーションが高まっていく。逆に、仕事への飽きや不注意により周囲から叱責を受けたり、職場生活上の問題で注意を受けることで、モチベーションが急激に低下する場合がある。

④自立生活能力の向上と新たな問題の発生

就労し、賃金を得、自立生活へ向けてのステップを歩み始めた障害のある人は、職場の外でもさまざまな能力を発揮することになる。この自立生活能力の向上は、前記の労働に対するモチベーションをもたらす一方で、時と場合により、職場へ通うことより魅力的な活動に埋没する可能性も存在する（例：ギャンブルやゲームにお金を使う、新しい友達との遊びに没頭する）。

⑤体力や健康状態の変化

そして本人の変化で、すべての人に必ず起こりうることが、体力や健康状態の変化である。障害のある人の加齢による劣化の調査はいくつか存在する。障害をもたない人と比較して加齢による劣化が平均的に早いと結論を下しているものもあるが、ほとんどは個人差が大きいと結論づけている。しかし、ジョブコーチは、本人の生理学的な面だけでなく、障害のある人が働いている職務に必要とされる体力についても、重要な要因があることを忘れてはいけない。

2）職場が変わる

　障害のある人が働いている職場も、長期的な視点からは明らかに変化していく。同僚にとっては雇用の継続に何ら影響を及ぼさない些細な変化であっても、障害のある人にとって重大な事態になる場合は少なくない。

①担当の職務の変更

　まず、職務が変わる。今と異なった職務に変わる原因は無数に存在する。その仕事がなくなってしまう場合や配置替えされる場合もある。また、障害のある人の仕事に対する熟達に合わせてより付加価値の高い職務を検討する場合や、逆に、思いどおりの生産性が上がらないために付加価値の低い職務に回す場合もある。

②職場の変更

　職務そのものは同じであるが、事業所が移転してしまったり、事務所・工場の建替えによりまったく職場の雰囲気が変わってしまう場合もある。それほど大規模でなくとも、事務所・工場内のレイアウト替えを行う場合もある。

③周囲の職員の異動や離職

　長期間働く間に、上司や同僚は常に変わっていく。退職・採用あるいは配置替えなど、人が変化する要素はたくさん存在する。障害のある人にとっては、職場で直接指導あるいは援助してくれる上司や同僚が変わることは重大な変化になる。また、パート雇用の職員が障害のある人の指導担当となっている職場は、変化が短期間に起こることを覚悟しなくてはならない。

④労働条件

　登社時間や帰宅時間、休憩時間、給与、福利厚生など、労働条件にまつわる変化も当然起こりうるものである。

3）サポート体制が変わる

　本人と職場以外にもさまざまな変化が生じる。ここでは、その他をすべてまとめ「サポート体制」と呼ぶ。サポート体制の変化は、障害のある人の雇用の継続に大きな影響を及ぼす。

　①ジョブコーチの変更
　　　長期間のサポートを１人のジョブコーチが継続して行うことはほとんどありえない。ジョブコーチの変更は、本人や保護者にとっても職場にとっても重大な節目となる。
　②ジョブコーチの業務を行う組織の変化
　　　ジョブコーチといった人材ではなく、その業務を運営している組織が変わることもある。例えば、これまでコスト面をあまり気遣いしてこなかった組織が、トップの交代で急にコスト意識が重視される場合もある。また、１人ずつ雇用する個別就労モデルよりも、一箇所で複数の障害のある人が働くグループモデルのような援助付き雇用を重視することもある。
　③家庭のサポート機能の低下
　　　ジョブコーチではなく、日常生活を直接支える機能の低下も雇用の継続には大きな問題となる。この変化には、両親の病気や死去・離婚だけでなく、兄弟の自立や転居、新しい家族が増えるなどさまざまな可能性がある。
　④生活支援体制の変化
　　　障害のある人本人が、家族との同居からひとり暮しをしたり、グループホームなどに転居する場合もある。このような場合、これまでとまったく違った生活支援体制を計画する必要があり、この出来いかんで、雇用の継続に影響を及ぼす。

⑤地域福祉の仕組みの変化

　　地域資源の質や量の変化(例：ケアマネジメントの徹底やグループホームの増加)や公的年金や公的扶助といった経済的な社会保障制度の変化なども長期的には重要になってくる。もちろん、障害者雇用に関係する法律の改正も雇用継続にとって重大な変化である。

2．継続的変化に関する情報収集

　安定したフォローアップの期間では、先に紹介したような変化を速やかにかつ適切に情報収集することが求められる。ジョブコーチは、多様なアンテナを張り巡らせ、効率的に情報を入手すべきである。5-3-1は、情報を入手する経路とその方法を簡単にまとめたものである。

　長期間のフォローでは、個別の面談や電話などによる情報収集を定期的に行うのが次第に困難になっていく。特に、比較的多人数の障害のある人をフォローしている職場では、どうしても今問題が生じている障害のある人の対応に追われ、接触の少ない障害のある人や職場ができてしまう。このような場合は、FAXや郵便によるアンケートを定期的に実施することを勧める。5-3-2は、障害のある人に仕事に対するモチベーションを定期的に（半年に1回）調査するための質問項目である。また、5-3-3は、障害者雇用を行っている職場に年に1度行っているアンケート用紙である。

5-3-1　継続的変化の情報を収集する方法

１．障害のある人本人から	□電話 □面談 □アンケート □職場訪問の際の観察・インタビュー □パーティー・親睦会
２．家族（生活の場）から	□電話 □面談 □アンケート □ケースワーカーなどとの情報交換
３．職場から	□電話 □アンケート □職場訪問の際の観察・インタビュー □障害者雇用促進のセミナー
４．その他から	□電話 □メディア（新聞・TV・インターネットなど） □学会・セミナー □地域福祉の交流会

第5章 フォローアップと権利擁護 ―――――――― 139

5-3-2 障害のある人のモチベーションを調査する質問項目

1．いまは、どんな仕事をしていますか？
①
②
③
④

2．どの仕事がいちばん好きですか？
（　　　　　　　　　　　　　　　　　　　　　　　）

3．どの仕事がいちばんつらいですか？
（　　　　　　　　　　　　　　　　　　　　　　　）

4．職場でどんなことにほめられますか？
（　　　　　　　　　　　　　　　　　　　　　　　）

5．職場でどんなことでしかられますか？
（　　　　　　　　　　　　　　　　　　　　　　　）

6．あさ、家から仕事にでかけるとき、どんな気持ちですか？
（たいへん楽しみ　　少し楽しみ　　何も感じない　　少しつらい　　たいへんつらい）

5-3-3 職場へのアンケート用紙

障害者雇用に関する定期追跡調査

　日頃から、当センターの就労支援事業にご協力頂きありがとうございます。当センターでは、年に1度、そちらの職場で働いている　A　さんの援助プログラムを見直しております。つきましては、ご多忙中とは存じますが、下記のアンケートにお答えいただき、ご返信いただきますよう、よろしくお願いいたします。

1．A　さんは、現在主に、どのような仕事についていますか。
　　　　　①
　　　　　②
　　　　　③
　　　　　④
　　　　　⑤

2．A　さんの労働条件について教えてください。
　　　　1週間の勤務時間：週（　　　　　）日・1日（　　　　　）時間勤務
　　　　有給休暇の有無：　無・有（1年に　　　　日）
　　　　健康保険の加入：　無・有　　　　　雇用保険の加入：無・有
　　　　賃金について：先月の税込み賃金はいくらでしたか（　　　　）円

3．A　さんの仕事で評価できる点は何でしょうか？
　　　　　①
　　　　　②
　　　　　③

4．A　さんの仕事で改善が必要と思われることは何ですか？
　　　　　①
　　　　　②
　　　　　③

5．　当センターでは、今後も　A　さんの就労を積極的に支援していきますが、現在、職場で困っていること、改善を必要としていることがありましたら、ご記入下さい。

3．変化への対応

　本人、職場、サポート体制の変化に合わせて、ジョブコーチが提案する新たな対応法はたくさん考えられる。以下には、代表的な対応の例を紹介する。ただし、どの提案も、職場や本人あるい家族（生活支援の担当者）と十分な協議を行い、結論を下す必要がある。

1）トラブルが起きていないときの対応

　変化への対応の基本は、予測と予防である。つまり、トラブルが起きていない、障害のある人も職場も現状に比較的満足している時に、変化を察知したり予測して、対応を事前に打ち合せることがもっとも大切である。

2）ナチュラルサポートの再確認

　次に、職場における職務の指導体制や職場生活のサポートの方法を確認する。これは、職場の同僚や上司が変わったとき、トラブルが起きたときはもちろんのこと、目に見える変化がなくても定期的に確認を行うことを推奨する。特に、職務の指導の方法（標準作業や新規の仕事の指導方法など）については、細心の注意を払う必要がある。

3）再訓練

　「仕事を続ける意欲が減ってきた」「同僚と人間関係がうまくいかない」など、トラブルの主訴はさまざまある。このような訴えに対して、「仕事を覚えたり、ミスをしたことがきっかけになってはいないか」をまず確認することから、ジョブコーチはスタートする。職場のトラブルのほとんど大部分は、仕事にまつわる原因が存在するものである。ジョブコーチは、トラブルが生じたらまずナチュラルサポートの再確認や調整を行う。しかし、それだけでは不十分な場合は、再訓練を行う。再

訓練とは、職場でジョブコーチがついて訓練を再び行うことである。再訓練が必要とするのは何か、必要な期間は、どのような技法を用いるかなどは、第4章の手順と同様である。

4）休職

　障害のある人が職場へ通えなくなるトラブルの場合、再訓練は困難である。ジョブコーチは、職場の管理者（人事・労務担当者）と話し合い、就業規則にのっとり、なおかつ職場復帰の可能性を最大限保証する方法を探すこととなる。雇用形態や就業規則により、活用する制度の名称はさまざまである（有給休暇や療養休暇の消化、リハビリ休暇、休職、離職と再雇用など）が、ここでは「休職」と呼ぶ。この対応では、主に以下の4点を行う。ジョブコーチは、職場の管理者ならびに関連した福祉、医療、職業リハビリテーション機関との連携をとりながら、復職の可能性を探ることになる。

　① 休職期間の決定
　② その期間にどうするかを決定（医療機関の活用、自宅で療養、福祉・職業リハビリテーション機関の活用など）
　③ 休職期間の終了前にどのような問題が解決されれば復職するかを決定
　④ 復職の方法の決定

5）スムーズな離職・転職

　実際に、上記の休職の対応を行った障害のある人が元の職場に復職する可能性は低い。このような場合、いったんその職場を離職し、その後の進路を考えることになる。

6）ハッピーリタイアメント

　障害のあるなしに関わらず、誰もが必ず引退の時期を迎える。就業規則上の退職年齢ではなく、障害のある人の場合、それより早い時期に職業能力あるいは労働意欲の低下などから、引退の決定を下す場合がある。その後の生活が充実したものとなるように、ジョブコーチは、この引退時期の決定に際しても、十分な情報収集と意見交換の場をもつ必要がある。

4．まとめ

　安定したフォローの期間において、ジョブコーチは、さまざまな変化の情報を収集することとその変化に対する問題解決の提案を行わなくてはならない。情報は、①障害のある人の変化、②職場の変化、そして③サポート体制全般の変化の3方面から、総合的に入手する。また、変化の対応は、予測・予防が原則ではあるが、トラブルが生じてしまったならば、ナチュラルサポートの調整、再訓練、休職、そしてハッピーリタイアメントのどれかあるいは複数を想定した提案を行う。

第4節　権利擁護

1．ジョブコーチが考える権利擁護

　障害のある人が働く場を作り、そこでの定着を支援するジョブコーチには、もうひとつ別の側面からのサポートも要求される。それは、障害のある人本人の権利侵害の予防・発見・救済である。障害のある人の権利擁護のうち、雇用の場で活動するジョブコーチは、「働く場の労働条件」と「経済活動」について、最も早く権利

侵害を発見できる立場にある。

　もし、権利侵害が発見された場合、事実を確認し、交渉を行い、必要ならば専門機関と連携をとりながら解決にあたらなくてはならない。権利擁護の専門機関としては、近年、各自治体等が「権利擁護センター」を開設しており、そこには専任の相談員が常駐している。また、更生相談所、福祉事務所、公共職業安定所といった、身近な機関に担当の相談員を配置していたり、自治体の人権擁護委員や法律相談室、あるいは弁護士会の法律相談センター等も活用できる資源である。

２．労働条件と服務規定の確認

　障害者の雇用において、障害をもたない人と同様、ないしはそれ以上に厳密に労働条件と服務規定を確認しておく必要がある。労働条件と服務規定の確認事項は、5-4-1に簡単にまとめる。また援助付き雇用に関しては、雇用以前の実習の扱いについても慎重な取り決めが大切である。実習は障害のある人のその職場における能力をアセスメントするうえで重要であり、今後の雇用・定着の可能性を予測する大切な手続きである。しかし逆に考えると、十分な労働力を発揮できる障害のある人の実習は、無給で労働力を提供する期間ともなる。ジョブコーチは、実習を開始する前にその期間を明確に取り決めしなくてはならない。

３．経済活動の確認

　職場内での問題と同様、職場を出てからの権利侵害についてもジョブコーチは、注意する必要がある。特に就労している障害者は、福祉的就労あるいはデイサービスを利用している人よりも圧倒的に高収入であり、より豊かな経済活動が可能となることから、お金にまつわるトラブルが時には起こり得る。

　代表的な経済活動の権利侵害は、以下の２点である。

① 友人や同僚とのトラブル：友人や同僚にお金を貸して返済されない。また、友人や同僚にお金の貸し借りにまつわる暴力や不法な借金を抱えるなど。
② 家族や兄弟とのトラブル：障害のある人の給料を家族が全額あるいはほとんど使ってしまい、本人は最低限の生活をしているなど。

5-4-1　ジョブコーチが確認する労働条件と服務規定

項目	確認事項	視点
賃金制度	・初任給 ・給与体系（昇給） ・賞与 ・支払日と支払方法 ・退職金制度 ・諸手当 　時間外、休日出勤、通勤手当、業績手当、勤務手当、精勤手当、生活手当、調整給など	・最低賃金と労働力とのバランス ・給与規定・雇用契約の遵守 ・賃金が障害のある人本人の手元に確実に渡っているか
労働時間制度	・所定労働時間 ・週休制 ・年間休日と特別休暇 ・有給休暇制度 ・欠勤と欠勤の扱い	・同僚と公平な労働時間 VS 障害のある人の能力にあった労働時間 ・休暇の取り方と欠勤時の扱い
福利厚生	・健康保険 ・労働保険（労災・雇用） ・その他法定外福利 ・労働組合	・適切で公平な福利厚生の適用
安全・健康管理	・設備や通路等の安全配慮 ・安全点検と安全教育 ・衛生管理と衛生教育 ・定期健康診断 ・（通院保証）	・適切な安全管理と衛生管理 ・適切で公平な健康管理
就業管理	・就業規則とその配布 ・その他就業管理全般	・公平な就業管理 VS 障害のある人の能力に合った適用

4．まとめ

　権利擁護に関しては、ここでふれた問題以外にも、たくさんの事例が存在する。もちろん、権利侵害にあっている障害者は、働く障害者の少数にすぎない。問題点をジョブコーチが察知したら、職場の管理者、福祉や法律の専門家などと連携をとり、すばやい対応を行うことが求められる。

【援助付き雇用・ジョブコーチに関する文献の紹介】

●米国の援助付き雇用に関する本およびマニュアル（英文）

1) Wehman P.and Moon S.: Vocational Rehabilitation and Supported Employment: Paul H.Brookes Publishing Co.,1988.

2) Moons S.,Inge K.,Wehman P., Brookes V.and Barcus M.
: Helping Persons with Severe Mental Retardation Get and Keep Employment: Paul H.Brookes Publishing Co.,1990.

3) Barcus M.,Brookes V.,Inge K.,Moon S.,Goodall P.and Wehman P.
: An Instructional Guide for Training on a Job Site: a Supported Employment Resource: Virginia Commonwealth University Rehabilitation Research and Training Center on Supported Employment,1987.

4) Moon S., Goodall P., Barcus M., and Brookes V.: The Supported Work Model of Competitive Employment for Citizens with Severe Handicaps: A Guide for Job Trainers: Virginia Commonwealth University Rehabilitation Research and Training Center on Supported Employment, 1987.

5) Griffin S., and Revell G.: Rehabilitation Counselor Desk Top Guide to Supported Employment.: Virginia Commonwealth University Rehabilitation Research and Training Center on Supported Employment, 1990.

6) Wehman P.,Kregel J., and West M.: Supported Employment Research: Expanding Competitive Employment Opportunities for Persons with Significant Disabilities: Virginia Commonwealth University Rehabilitation Research and Training Center on Supported Employment, 1997.

7) Inge K., Armstrong A., and Wehman P.: Supported Employment Handbook: A Customer Driven Approach for Persons with Significant Disabilities: Virginia Commonwealth University Rehabilitation Research and Training Center on Supported Employment, 1997.

●援助付き雇用およびジョブコーチに関する国内の文献

1) 朝日雅也：アメリカにおけるSupported Employment，日本障害者職業リハビリテーション研究会紀要第1巻，pp.99-103，日本障害者職業リハビリテーション研究会，1987.

2) 小川孟、久保耕造共訳：動きだした米国の援助付雇用，ゼンコロ研究シリーズ 88-2，社団法人ゼンコロ，1988.

3) 久保耕造：米国において援助付き雇用はなぜ始まったか，職業リハビリテーション，No.3, pp.5-11, 1989.

4) 松為信雄：援助付き雇用の特徴とプログラムの内容，職業リハビリテーション，No.3, pp.13-20, 1989.

5) 松為信雄，石渡和実：雇用専門家の役割と教育，職業リハビリテーション，No.3, pp.21-28, 1989.

6) 舘暁夫：アメリカにおける精神遅滞者の援助付き雇用の現状と問題点—AAMR誌上シンポジウムから—，職業リハビリテーション，No.3, pp.29-34, 1989.

7) 佐藤宏：米国における精神障害者職業リハビリテーションと援助付き雇用，職業リハビリテーション，No.3, pp.35-40, 1989.

8) 大瀧憲一：事例に見る米国の援助付き雇用の実際—ジョブコーチの役割を中心として—，職業リハビリテーション，No.3, pp.41-46, 1989.

9) 石渡和実、小川浩：重度障害者の職業的リハビリテーションの新たな動向—アメリカの援助付き雇用Supported Employmentについて—，特殊教育学研究，Vol.26, No.4, pp.49-53, 1989.

10) 療育技法マニュアル第5集,就労援助編,神奈川県児童医療福祉財団,1991.

11) 援助付き雇用のためのジョブコーチ・マニュアル,障害者職業総合センター,1991.

12) 久保耕造：米国の援助付き雇用に関する規則の改訂について，職業リハ通

信第51号, pp.7-10, 日本職業リハビリテーション学会, 1992.

13) 小川浩：米国の援助付き雇用—ジョブコーチによる援助の実際—, 職業リハビリテーション, No.6, pp.69-73, 1993.

14) 小川浩：ジョブコーチの援助技術—システマティック・インストラクション—, 職業リハビリテーション, No.6, pp.74-77, 1993.

15) 冨安芳和・ヒューマンサービス研究会：援護就労の挑戦, 学苑社, 1994.

16) 療育技法マニュアル第8集, 知的障害者の就労援助, 神奈川県児童医療福祉財団, 1994.

17) 小川浩：米国における脳外傷の職業リハビリテーションと援助付き雇用, 職業リハビリテーション, No.8, pp.30-36, 1995.

18) 久保耕造：転換期にたつ援助付き雇用, 職業リハ通信70号, pp.7-8, 日本職業リハビリテーション学会, 1997.

19) 小川浩：脳外傷者の援助付き雇用の特徴—米国ヴァージニア州RRTCのモデル—, 職業リハビリテーション, No.11, pp.56-61, 1998.

20) 小川浩：米国における知的障害者の雇用事情—援助付き雇用に焦点をあてて—, 愛護, Vol.45, No.2, pp.63-71, 1998.

21) 小川浩：アメリカにおける障害者雇用—援助付き雇用を中心に—, 労働時報, Vol.51, No.9, pp.21-23, 1998.

22) ジョン・クレーゲル：障害者主導の援護就労—教育・就労・医療の最前線, pp.103-181, 慶応大学出版会, 1998.

23) 梅永雄二：自閉症者の就労支援, エンパワメント研究所, 1999.

24) 小川浩：ジョブコーチとナチュラルサポート, 職業リハビリテーション, No.13, 2000.

●執筆者紹介

小川　浩：監修、第1章、第2章、第3章担当
　　　　大妻女子大学人間関係学部人間福祉学科助教授
　　　　社会福祉法人横浜やまびこの里・仲町台発達障害センター次長
　　　　「やってみよう！こんな工夫—高次脳機能障害への対応事例集—」（共著
　　　　エンパワメント研究所　1999）
　　　　「ジョブコーチ入門」（エンパワメント研究所　2001）
　　　　「職業リハビリテーション入門」（共著　協同医書出版　2001）

志賀利一：第4章、第5章担当
　　　　電機神奈川福祉センター・副センター長
　　　　「続・大人になった自閉症」（編著　朝日新聞厚生文化事業団　1995）
　　　　「発達障害児者の問題行動　その理解と対応マニュアル」（エンパワメント
　　　　研究所　2000）

梅永雄二：第2章担当
　　　　宇都宮大学教育学部教授
　　　　「自閉症者の就労支援」（エンパワメント研究所　1999）
　　　　「自立を目指す障害児者教育」（福村出版　2000）
　　　　「自閉症の人のライフサポート」（編著　福村出版　2001）

藤村　出：第1章担当
　　　　社会福祉法人林檎の里・あおぞら施設長
　　　　「自閉症のひとたちへの援助システム」（共著　朝日新聞厚生文化事業団
　　　　1999）
　　　　「自閉症治療スペクトラム〜臨床家のためのガイドライン〜」（共著　金剛
　　　　出版　1999）

重度障害者の就労支援のための
ジョブコーチ実践マニュアル

発行日	2000年 3月10日	初版第1刷	(3000部)
	2001年 3月30日	第2刷	(1000部)
	2001年10月 1日	第3刷	(1000部)
	2002年 7月20日	第4刷	(2000部)
	2004年12月25日	第5刷	(1000部)
	2007年 3月12日	第6刷	(1000部)
	2010年11月12日	第7刷	(1000部)

著 者　小川　浩　　志賀　利一
　　　　梅永　雄二　藤村　出

発　行　エンパワメント研究所
〒176-0011　東京都練馬区豊玉上2-24-1 スペース96内
　TEL 03-3991-9600　FAX 03-3991-9634
　https://www.space96.com
　e-mail　qwk01077@nifty.com

発　売　筒井書房
〒176-0012　東京都練馬区豊玉北3-5-2
　TEL 03-3993-5545　FAX 03-3993-7177

表紙イラスト　廣田雄二郎　通所授産施設「ぽこ・あ・ぽこ」
編集　七七舎　　装丁　石原雅彦
印刷　株式会社　美巧社
ISBN978-4-88720-269-6

エンパワメント研究所の本

重度障害者の就労支援のための
ジョブコーチ入門

小川　浩　著　　Ａ５判／並製／144頁／定価1,500円＋税

◎重度障害者の就労支援として注目されている「援助付き雇用」に携わるジョブコーチの支援の過程を詳しく解説。職場での具体的な支援の方法を中心に、豊富な図と写真を使い実践技術を紹介。

こうすれば働ける
新しい就労支援システムへの挑戦
世田谷区立知的障害者就労支援センターすきっぷ編

Ａ５判／260頁／定価1,800円＋税

◎利用者の多くを一般企業への雇用に結びつけている知的障害者通所授産施設「すきっぷ」の実践とノウハウを紹介。

発達障害児者の問題行動
その理解と対応マニュアル
志賀利一　著

Ｂ５判／96頁／定価1,100円＋税

◎発達障害児者の問題行動を、周囲の状況と関連づけて理解し対処するための考え方と手順を事例で具体的に示す。

親、教師、施設職員のための
自閉症者の就労支援
梅永雄二　著

Ａ５判／112頁／定価1,200円＋税

◎事例を豊富に紹介し、自閉症者の職業的自立に必要なものは何かについて提示する就労支援関係者必読の書。

働く自閉症者のための作業改善の工夫とアイデア
構造化で活かす一人ひとりの特性
自閉症者就労支援技術研究会編

Ｂ５判／104頁／定価1,400円＋税

◎自閉症者が働くためのTEACCHの手法を用いた工夫と作業所での実践事例から構造化の効果を具体的に紹介。

やってみようこんな工夫
高次脳機能障害への対応事例集
高次脳機能障害研究会　編

Ｂ５判／64頁／定価1,000円＋税

◎高次脳機能障害の人々の生活場面における具体的な援助のポイント、工夫やそれに用いる道具を紹介する事例集。

社会の中で働く自閉症者たち
ジョブコーチの支援による就労事例集
社会福祉法人日本点字図書館監修・
NPO法人ジョブコーチ・ネットワーク編

Ａ４判／170頁／定価1,500円＋税

◎一般の会社で働くことが難しい自閉症者の特性を理解し、就労を支援するジョブコーチの先駆的な事例を詳細に紹介。

※書店でご購入の場合は「筒井書房発売」とお申し付けください。

エンパワメント研究所　〒176-0011　東京都練馬区豊玉上2-24-1　スペース96内
TEL 03（3991）9600／FAX 03（3991）9634